区域经济均衡协调发展新论

张 帅 ◎ 著

中国商业出版社

图书在版编目（CIP）数据

区域经济均衡协调发展新论 / 张帅著 . -- 北京：中国商业出版社，2020.4
　　ISBN 978-7-5208-1165-1

　　Ⅰ.①区… Ⅱ.①张… Ⅲ.①区域经济发展—研究—中国 Ⅳ.①F127

中国版本图书馆CIP数据核字(2020)第083702号

责任编辑：刘加莹　武维胜

中国商业出版社出版发行
010-63180647　　www.c-cbook.com
（100053　北京广安门内报国寺1号）
新华书店经销
福建省天一屏山印务有限公司印刷

*

787毫米×1092毫米　16开　9.75印张　155千字
2020年4月第1版　　2020年4月第1次印刷
定价：48.00元

****

（如有印装质量问题可更换）

目录

第一章 区域与区域经济关系 ... 01
第一节 中观经济及其特征 ... 01
第二节 区域与区域经济关系 ... 05
第三节 区域经济关系 ... 09

第二章 区域经济均衡发展的再认识 ... 14
第一节 区域差异的内涵与度量指标 ... 14
第二节 区域差异研究的基本理论与进阶要求 ... 18
第三节 区域协调发展的特征与内容 ... 22

第三章 近代中国区域经济非均衡发展的状况 ... 27
第一节 近代中国区域发展差距的基本情况 ... 27
第二节 近代中国工业地区分布的历史阶段 ... 29
第三节 近代中国工业分布极不平衡的特点 ... 38

第四章 1949—1978年期间中国区域经济平衡发展的历程 ... 43
第一节 生产力平衡布局理念的提出 ... 43
第二节 工业平衡布局经济效果评价指标 ... 45
第三节 工业平衡布局的主要原则 ... 48

第五章 改革开放以来区域经济发展演变的历程 ... 54
第一节 区域非均衡到协调发展战略提出与实施 ... 54
第二节 区域经济非均衡到协调发展过程的实证分析 ... 57

第三节 区域协调发展战略的全面深化与成效 59
第四节 新时代中国区域经济协调发展的政策趋势 63

第六章 要素禀赋与区域非均衡发展 68
第一节 经济要素禀赋与划分 68
第二节 要素禀赋的新经济学解释 71
第三节 要素禀赋与非均质空间分析 74

第七章 后天累积性要素与区域非均衡发展 79
第一节 人力资本要素与区域非均衡发展 79
第二节 FDI要素与区域非均衡发展 86
第三节 社会文化要素与区域非均衡发展 94

第八章 交易效率与区域经济差距 112
第一节 交易成本的提出与概念 112
第二节 交易成本到交易效率 113
第三节 区域差距的交易效率成因体系与交易效率改进 121

第九章 交易效率提高对区域均衡协调发展的可行性 128
第一节 交易效率提升与经济发展水平 128
第二节 区域经济产业结构均衡协调发展的目标 129
第三节 区域产业结构均衡协调实现的制度保障 137

第十章 提高区域交易效率实现均衡协调发展的基本思路 145
第一节 市场化对交易效率提升的作用机制 145
第二节 我国区域间市场化程度差异 149
第三节 深化市场化改革的思路要点 150

第一章 区域与区域经济关系

区域经济学是经济学的重要分支,也是当今经济学研究的最活跃领域之一。新世纪的到来,国际经济一体化、知识经济趋向明显,为区域经济学的研究范围、实践基础、理论方法注入了崭新的内容。[①]

第一节 中观经济及其特征

区域经济作为国民经济的一个中间层次,既要服从并服务于整个国民经济的发展,又具有较强的自我发展独立性。把握区域经济运行的中间性特征,可以更全面地认识发展区域经济的制约条件和发展机遇。而要保证区域经济的正常运行,就要努力使本区域的经济发展战略,既适应客观经济形势和宏观经济政策的变化,又能够从本区域实际出发,创造一个有利于微观经济实体自我发展的外部环境。相对于一国整体的经济运行,区域经济运行的内容既有宏观层面的政府与行业,又有微观层面的个人与企业,中观经济的特性明显。

中观经济并不是一个严格的概念,是相对于微观和宏观经济来说的。微观和宏观的概念来自于物理学。随着物理学研究的深入,Van Kampen于1981年开拓了一个新的研究领域——介观(Mesoscopic),即中观。中观体系是介于微观量子物理和宏观经典物理之间的领域,既有微观的属性与特征,又有宏观尺寸。这一领域的发现使得量子物理、统计物理和经典物理的一些基本规律不再适用,在理论上出现了许多待认识的新问题和新空间。对照物质领域,一国范围内的经济运行在空间上是可以被区分为多个层次的。国民经济的整体运行是最高层次,即宏观层次;而单个厂商、个人的经济活动是最低层次,即微观层次。中观经济是相对宏观经济和微观经济来说的,除宏观经济和微观经济以外,还有一些经济现象,比如说区域(城市)经济、部门经济、行业经济等,它是国民经济活动在某一特定地域或部门行业的展开,它们构成国民经济重要的子系统,但它毕竟不等

---

① 高洪深著. 区域经济学 [M]. 北京:中国人民大学出版社.

于整个国民经济，不能归之于宏观经济领域；同时，区域（城市）、部门和行业又是一个自成体系，不能归于微观经济领域，所以便产生了中观经济。

中观经济主要是以研究部门经济、地区经济和企业集团经济为出发点，有其特定的研究对象和范围。中观经济是市场经济运行机制的关键环节，只有抓好这个环节，才能确保我国社会主义市场经济健康顺利地发展。中观经济自我调整的目标是，中观与宏观相衔接、经济结构优化与加速升级相一致、区域经济的稳定与顺畅运转相统一、经济与社会发展相协调。

中观经济学是介于宏观经济学与微观经济学之间的一门学科，其研究范围也与宏观经济、微观经济既有区分，又有联系。中观经济与宏观经济、微观经济的关系如下表：

理论分类	研究出发点	理论范围	政策范围
宏观经济	国民经济	经济循环和国民经济核算理论；经济发展和就业理论；财政、货币、外贸理论；国民收支理论等	就业政策；金融信贷财政政策；国际收支政策；指令性经济计划等
中观经济	部门、地区、集团	经济结构理论；部门与地区发展理论；基础设施理论；环境保护理论；集团与协会理论等	部门结构政策；部门结构计划；研究与工艺政策；部门原料供应政策；地区结构政策等
微观经济	家庭、企业、市场	需求与供给理论；市场与价格理论；竞争理论；个人分配理论等	企业法；竞争政策；消费者政策；收入与价格政策等

应当指出，上述划分使中观经济与宏观经济、微观经济各自有了比较明确的理论范围和政策范围，但它们研究的范围仍然有一些交叉。例如价格理论、环境保护理论、结构政策、竞争政策，并不局限于某个领域，而是涉及经济活动的各个领域。

中观经济具有以下独特的经济特征。

首先，集散性。中观经济居于宏观经济和微观经济之间，有承上启下的中介作用。宏观的决策需要它去贯彻执行，微观的情况需要它去综合反映。当然，微观也需要它去调节和控制，中观不是消极的中间体、传声筒，因为它本身不仅要执行宏观决策，还要制定中观决策，因而又具有集散的特点。

其次，独立性。这里所说的"独立性"有两层含义，一是指企业（集团）之间、行业部门之间、地区之间经济上的独立性。行业经济、地区经济、集团经济都是一个相对独立的生产力系统，都各自具有其自身运动规律。二是指整个中观层次是独立的。每个中观主体都是独立的，但不应该是孤立的，它们相互关联，共同构成一个有别于宏观和微观的独立的中观层次，并在国民经济中发挥着自身独特的作用。

再次，综合性。这里所说的"综合性"是指包括产业、行业、部门产品的种类。一个行业总有若干个部门，生产若干产品。一个集团总有若干企业，生产不同的产品。地区的综合性则更大一些，不管是大区还是小区，它总不会只有一个部门、一个行业，而总是多个部门、多个行业的集合。因此，中观经济具有综合性。

最后，交叉性。行业、部门中纵横交错的联系，以行业内部的纵向联系为主，行业间的横向联系为辅；地区经济由于是分层次的，既有大区、中区、小区之间的纵向联系，又有不同层次的区之间的横向联系；集团是内部联系最为紧密的，但与外部也有纵横交错的联系。而且，地区、部门、集团之间又是相互交叉的：地区经济包含部门经济、集团经济，部门经济包含地区经济、集团经济，集团经济又包含地区经济和部门经济。

另外，灵活性。中观经济比宏观经济规模小一些、实体性强一些，比微观经济规模大一些、回旋余地也大一些。世界上有一种"小国现象"，即一些小国由于规模小，便于治理，经济发展很快，如新加坡、挪威、瑞典、瑞士等国。在中国，许多"中观"规模不亚于这些小国，如果能充分调动其积极性，也可能出现"小国"效应。当然，人们肯定"小国"现象，并不是主张国家分裂和民族分离，而是强调通过学习小国的经济发展和管理经验，增强国民经济运行和调控的灵活性。

中观经济具有重要的实践意义。

首先，中观经济具有创新和突破功能，可以为宏观经济起到"试验田"作用。中国幅员辽阔，人口众多，各地区、各部门情况千差万别，这就需要各中观主体发挥主观能动性，解放思想，大胆改革和创新。比如，深圳特区在建立之初对工人实行的联产计奖制、工程建设招标投标制，并于20世纪80年代初期进行了股份制试验。不但使得深圳特区建设在白手起家的情况下迅速发展，而且为全国起到了示范作用。这些制度和试验的做法后来在全国推广，极大地解放了生产力。在20世纪80年代中期，全国各地还根据自身情况探索出了一些中观经济发展模式，如苏南模式、温州模式、珠江三角洲模式等。这些模式是各地区审时度势主动发展的结果，对宏观经济发展具有重要的推动作用。就地区经济而言，多种发展模式的出现，表明我国在乡镇经济、县区经济、中心城市经济、省区经济等各个层次上，正在进行多层次的地区经济问题探索。这样，在建设有中国特色社会主义经济的伟大事业中，宏观（国家）主要负责总体设计和目标管理，中观（省、地、市、县等）则主要负责地区创新和自主发展。对于新生事物成长来说，中观层次有直接的经济利益，能提供直接便利的服务；这样，新生事物的成长，反过来又能解决中观经济发展中某些迫切需要解决的问题。而这些问题通常也是宏观上的热点和难点，往往一经解决就会逐步得到国家的确认和完善，这样又会得到更多地区和更广大群众的拥护和支持，产生良好的示范和带动效应。中国绝大多数改革措施和政策的出台，走的都是中观先"摸石头"、宏观再"过河"的道路。

其次，中观经济能发挥稳定和协调功能，有效削弱宏观经济的过度振荡。中观经济对于宏观经济来说，具有一定的"稳定器"和"减压阀"作用。这可以从自上而下、自下而上两个方面来考察。自上而下方面：当宏观经济出现大的振荡或者不利于中观发展时，发挥中观主观能动性，通过中观各个层次的逐层"吸收"，将有害"辐射"降低到最低限度。20世纪80年代初期，国家进行国民经济调整，大力压缩基本建设投资，但有些省份发挥中观的调节功能，在基本建设投资大幅度下降的情况下主要经济指标仍保持全面增长的好势头；20世纪90年代中期，国家出台房地产业降温、消除"泡沫经济"的政策措施后，海南省经济面临极大的转型压力，但他们通过开发旅游业、高效农业以及为微观经济创造良好外部环境等途径，将冲击波大大减轻，使中观经济经过短期波折后很快重现生机与活力。自下而上方面：当微观层出现不良征兆时，中观层可以及时干预，这可以弥补宏观层鞭长莫之缺憾。比如，一些在全国短缺、影响重大的产品的生产企业，地区经济和部门经济等中观管理层一般都会给予密切关注，一旦出现运行阻碍或者其他矛盾，中观层会全力以协助解决，不会将矛盾上交。但是如果处理不当或失职，就有可能对宏观经济造成冲击。事实上，一些地方出现的金融风险案、特大灾害或灾难案，曾经对宏观经济产生一定负面影响。

同时，中观经济能完善国民经济控制系统，分散集中控制的风险。从改革的角度来看，中观调控系统在整个国民经济系统中具有不可替代的作用。根据控制论的观点，国民经济系统多目标最优化问题，归根到底是求函数的极值。在集中控制的条件下，函数自变量的个数急剧增加，使最优化系统空间的维数急剧增加，给精确的计算带来巨大的困难。同时，集中控制的结构具有高度刚性，系统对随机变化和环境变化的适应仅仅来自于它的中心。虽然，集中控制可以使系统长期保持稳定，但是系统的不变结构和它各部分进化变迁的矛盾最后将发展到十分尖锐的地步。另外，集中控制还会降低系统工作的可靠性。一旦控制中发生失误，各子系统都难以预防和纠正，从而使整个系统的状态恶化。如果不同层次的决策分别由不同的主体提出，各子系统具有较强的独立性，这就称为分级（或分散）控制。分级控制对权力的纵向分割，在很大程度上可以克服集中控制的上述弱点，能够适应环境和系统内的变化，使每个层次具有自主应变的功能。同时，下级层次由于自行接受和处理的信息增加，控制效率也随之而提高。实行分级控制的经济运行机制，就是由中央控制地区、部门和大型集团，再由地区、部门和大型集团控制企业或微观经济层。如果不实行这样的分级控制，而由中央直接控制企业、宏观直接控制微观，那么，中观层次只起消极传递作用，结果只能使控制系统呆滞、僵化。

从我国经济运行的历史和现状分析，中观经济是市场经济运行机制的关键环节，中观经济自我调控的目标是，中观与宏观相衔接，经济结构优化与加速升级相一致，区域经济的稳定与顺畅运转相统一，经济与社会发展相协调，中观经济自我调控的途径是，建立健全中观自我调控的激励机制，从根本上解决动力问题，强化中观调控操作的协调性，运用中观调控手段，保证市场经济的顺利运行。

第二节 区域与区域经济关系

1.区域与区域经济

区域是界限、范围，这是一个使用极其广泛、概括范围极广的词汇，既可以以实体概念被使用，也可以以抽象的空间概念被使用，在地理学概念中指土地

（也包括海洋、海床、洋底等）的划界。因明确边界内实在的物质内容，可以分为自然、人文、行政等区域。人类生存与发展"摆在面前的对象，首先是物质生产"[①]，因此，从承载人类生产基础上的一系列经济活动的角度看，区域不是一个"纯自然区域"概念，一般也不完全等同于"行政区域"，而是具有某种经济特征和经济发展任务的"经济地理区域"，即拥有某些生产要素，分布着农业、工业等产业，有城镇、道路等客体的具有整体化（连成一片）的空间。[②]以区域为依托的各类经济活动的综合运行即区域经济，是整个国民经济的重要组成部分，反映着国民经济的空间分布。

工业社会前，人类的经济活动主要围绕农业生产展开，因此，区域经济是农业生产与农产品销售在一定地理范围内的相互关系综合体。冯·杜能于1826年完成的《孤立国与农业和国民经济的关系》一书中研究了单位农产品的土地投入量在自然条件和离市场远近两个因素间的相关关系，认为农业收益与运输距离成反比，运输的距离越远，获得的利润越少，反之亦然。所以农民选择的经营种类与市场的距离密切相关，且距离市场越远，可供选择的范围就越小。距离市场越近，区位地租就越高，即农民支付给土地所有者的就越多，这就刺激农民增加资本和劳动投入来提高单位土地面积的产量。冯·杜能以利润最大化为目标函数，构建了研究区域经济生产问题的理论：为了实现利润最大化目标，农场生产的品种选择与经营方式的首要决定因素是距离，即生产地与市场的距离。农场种植什么作物获利最大，主要不是由自然条件决定的，而与特定农场（或地块）与中心城市（农产品消费市场）的远近密切相关；农业经营规模，也与距离密切相关，增加投入必须使价格与边际成本之差能偿付追加的成本与运费。当生产成本一定时，离中心城市越近，追加的运费越低；边际产量需偿付得越少，生产规模扩大的可能性就越大。在该书中，冯·杜能还创建了著名的农业圈层理论。通过这个理论，冯·杜能证明了决定各地区农业布局最佳类型的是级差地租，而非自然条件。在某种程度上，《孤立国》构成了经济活动空间模式的基础。这个农业区位理论成为古典区位理论（以产业的空间布局为核心，以成本——收益分析为方法对经济活动的空间分布和空间联系进行考察）的基础。

当进入近现代工业经济生产后，伴随着经济活动日益多元复杂，形成各具特

---

① 马克思.政治经济学批判导言[M].北京：中国人民大学出版社.

② 李华，刘瑞主编.国民经济管理学[M].北京：高等教育出版社.

色和以密切的经济联系为特征的地域生产共同体。构成区域经济的基本要素有：一定的经济区域或行政区划为依托；有限资源的空间合理配置和产业间有效组合为基本内容；各种资源要素和产业间、地域间的经济技术联系、市场供求联系为基本纽带。在区域经济运行中，既包括直接从事物质生产的工业、农业、建筑业和提供劳务性产品的服务业、金融业等经济活动，还包括间接从事经济活动，发挥引导、调控职能的政府干预行为。因此，区域经济运行的主体既有企业、农户，又有直接为生产服务的科教文卫等单位，还有政府等经济活动的管理部门。能否协调地发挥上述各类主体的作用，处理好各类主体间的经济权限和经济利益关系，就成为区域经济能否正常运行的关键。同时，区域经济既然是现实经济活动中介于宏观与微观之间的中间层次，必然受到经济活动诸内外因素的强烈影响，从而使不同层次、不同区域的经济运行呈现出差异性，如生产力水平、科学技术水平、自然资源禀赋程度、经济和政府体制等方面，都会存在差异。认识区域经济的差异性，比较和研究这种区域间的差异性，正是制定整个国民经济发展战略和地区经济发展战略的依据。

2.区域经济在国民经济中的地位

经济运行中的基本层次，以空间为划分的标准，大致可以分为国民经济、区域经济和地区经济。这种划分表明了所考察的区域仅是国内的区域，不包括国际范围的经济区域，说明在国民经济之外还存在着国外经济的概念。经济空间由此形成了四个层次，即世界经济、国民经济、区域经济和地区经济。其中国民经济可分为产业经济和区域经济，当将国民经济划分若干部门来考察时，就是产业经济，如汽车产业、电子产业、机械产业等；当将国民经济划分为若干区域进行考察时，则是区域经济，如东部区域、中部区域、西部区域等。在这里，区域经济是由国内空间资源组成的地区经济综合体，是国民经济的组成部分，起着连接地区经济与国民经济的桥梁作用。此种划分是以行政权力为主、以资源近似性为辅进行的空间资源的划分。

区域经济作为整个国民经济一个重要的组成部分，它是全国经济大系统的子系统。国民经济大系统的运行要求整体性，但经济运行的区域性也是客观存在的，因为任何社会的再生产都表现为在一定地域空间范围内的具体经济运行。正如不存在脱离具体的地域空间的抽象经济过程一样，离开具体区域的经济运行，国民经济整体运行也就不会存在。

国民经济的整体运行离不开区域经济的运行，还因为一个国家的国民经济是它的各个区域内的物质生产部门和非物质生产部门的社会再生产活动的总和，体现在各个具体经济部门的经济过程中，即体现在工业、农业、建筑业、交通运输业、商业和服务业等经济运行过程中。国民经济的有机整体就是由这些具体的经济部门构成的。每一个部门的经济运行，是整个国民经济的经济行为的有机组成，而不表现为它的全部。国民经济的有序、健康运行，必须是各方面运行的优化组合，而不是某一部门或某一方面的单一的有效运行。与此相联系，国民经济的整体性还要求区域经济运行的协调性和统一性。因此区域经济运行的协调性和统一性就显得十分重要，而且还因为在市场经济条件下，要建立全国统一的市场经济体系，使各个区域的生产布局、产业结构、资源配置等通过市场机制的作用，日益形成分工协作、联系紧密的经济统一体，这是国民经济健康运行的基本特征和客观要求。

国民经济的区域结构合理，空间布局得当，可以产生以下效应：一是比较优势效应，各区域经济的发展越是发挥优势，扬长避短，越有利于形成科学的劳动地域分工，促进全国生产的社会化、专业化水平的提高，各区域经济也会在商品交换中获得更大的比较利益；二是产业结合效应，建立在劳动地域分工基础上的地区产业结构，可以将资源的开发和加工业的发展、生产基地建设和消费市场的拓展，在空间上有机地结合起来，提高资源的利用效率和劳动生产率，在全国产业结构高度化、合理化发展中起合力作用；三是相邻区域的连锁效应，一个地区，特别是极核地区（如大的中心城市或工业中心）的生产要素流动，必然引起相邻地区的生产要素流动，从而有利于实现生产要素在空间上的优化重组。

3.区域经济关系的基本概念

空间联系属于经济地理范畴，指的是区域社会经济背景中的相互作用，反映了以相互作用和地区差异等地理为基础的地区间关系，将相互联系的原因及运作的环境相结合，显示出联系的各种要素如何在一个整体性的空间内结合并产生作用。具体来讲，区域层面的空间联系是在区域社会经济和政治的作用与制约中，其独特的生产要素和技术组合状况所构成的社会经济联系，表现为区域发展中的自然、经济、人口、社会、服务、信息等联系网络。在这些联系中，经济联系是最主要和最普遍的。区域之间的经济联系是指不同区域之间要素的流动与交流，可以细分为人员的来往、货物的交换、资金的移动、信息的交流等。

区域经济关系理论是相关区域之间在商品、劳务、资金、技术和信息方面的交流，并在此基础上发生的关联性和参与性经济行为，也就是各经济主体在经济活动过程中产生的经济联系的集合。区域经济联系以区域发展差异为基础，特别是经济规模的大小、强弱不同而不可避免地产生联系，两者的相互作用和相互转换推动了区域经济发展，并随着经济发展动态演进。区域经济关系既有区域内部之间的关系，又有区域之间的关系，通过经济活动的相互作用方式来反映。主要类型有以下三种关系：

一是水平关系。区域内外的水平关系反映为较相似单位之间的竞争关系，有市场区域也有供给区域的竞争关系。水平关系是区域内外对市场或原料的一系列竞争活动。经济增长和发展中必然出现对各类资源的竞争性活动，在区域内部，当使用这类地方资源的经济活动的增长导致活动成本提高时，就会出现妨碍或阻止相同资源的其他活动的进入。因此，一个整体区域在面对这种竞争采取什么样的抉择是困难的，尤其是面临公共资源的分配上，比如一条河流是用来生活用度还是工业生产用度。区域外部的水平关系是区域内部水平关系的范围扩大，经济活动的竞争本质是一致的，是市场结构和供给结构在空间上的相互排斥。

二是垂直关系。这是区域关系中一种活动的产出表现为另一种活动的投入时形成的相互关系。两种活动发生地域越接近，产出转化为投入的成本就越小，形成垂直经济关系的可能性越大，可以分为前向和后向联系。前向联系是市场中买方被卖方吸引的结果，通过经济要素聚集的变化产生的影响传递到另一种活动的联系，如区域内基础设施完备性产生吸引产业聚集的前向联系。后向联系是将一种生产活动的结果按顺序不断向后传递，使各类触及资源不断投入并转化为最终消费产品的过程，针对的是供给活动的相互吸引。

三是互补关系。区域之间的各种经济要素分布差异是区域间存在普遍的经济互补活动关系的基础，区域内、外各类经济活动的增加促进了互补活动增加的可能。这种互补情况既可以表现在互补产品供应者之间的相互吸引，也可以表现为附带供给品使用者之间的相互吸引。

第三节　区域经济关系

1.区域分工贸易关系

区域间的经济交往活动构成了区域经济关系的基础。对活动的成因、特征、趋向进行归纳和分类可以分析区域经济关系的不同样式。观察不同区域间商品交换的种类与规模，区域间有专业生产和贸易的特征。对此，古典经济学家就进行了分析，亚当·斯密的绝对成本理论是早期区域间分工贸易关系的代表性理论。该理论认为每个地区都有对自己有利的自然资源、气候条件，也就是资源禀赋，如果各地区都按照各自有利的生产条件进行生产并进行产品相互交换，将会使各地区资源得到最有效利用，提高劳动生产率并增加各地区的财富总量。

大卫·李嘉图在绝对成本论的基础上进一步提出比较成本论，认为一国即使不具有成本绝对低的产品，只要在产品中选择相对成本最低的分工生产和贸易，也可以实现对分工和贸易双方都带来交易好处的目的。

区域间分工贸易理论的新开端和支柱是赫克歇尔-俄林理论即要素禀赋理论。狭义的要素禀赋论用生产要素的丰缺程度来解释区域间贸易产生和区域间贸易类型，认为一个地区具有比较优势可以出口的产品是依赖密集使用该地区供应充裕因而相对价格较低生产要素进行生产的，依赖本地区供应稀缺因而相对价格较高生产要素进行生产的产品是比较劣势的，应该减少生产，增加从外地区的进口。广义的要素禀赋论在狭义理论基础上还包括要素价格均等化学说。

2. 区域经济竞争关系

区域竞争力是区域内各经济主体在市场竞争过程中形成并表现出对市场资源竞争性占有、获取的能力，也可以表现为一个区域在各区域构成的大区域中相对于其他区域更强的资源配置能力。区域竞争力的基础竞争力包括：自然资源、人力、资本、科技等基础性要素；核心竞争力包括：区域内产业经济的综合与潜在实力；主导竞争力包括：区域经济聚集和辐射能力。影响区域竞争力的因素主要有以下几个方面：

企业竞争力。企业是现代经济的基本元素，是在市场中组织产品生产并自负盈亏的独立单位。企业对其拥有的技术、资金、人力、管理等要素进行有效利用，以及所在市场环境进行准确把握的水平是企业生存与发展的关键所在，也就是企业竞争力大小的体现。同理，区域内企业的规模大、竞争力强，也是区域经济充满活力、实现持续增长的重要基础。

产业竞争力。同类和相关企业的集合构成产业，企业的经营活力与资源配置能力汇集为产业的活力与资源配置能力，成为产业竞争力。区域内产业竞争力越强，区域创造财富的水平就越强，因此，产业竞争力是区域竞争力的核心。区域内产业竞争力首先体现在产业的规模上，包括产业内企业的经济规模总量和产业的数量。区域内产业竞争力更重要的体现是多产业间相互影响形成的产业关系。如果区域内各产业在经济生产上相互衔接、紧密配合、并形成合理的比重，则地区资源在各部门之间将得到合理的配置，相应地为区域创造的财富就会越多，区域经济实力和竞争力就越强。如果区域的自然、社会、政治、经济、技术形成的某地特定的供应链结构、产业结构与其相适应，可以较好发挥区域要素的比较优势，提升区域产业竞争力。如果区域产业结构更适应市场需求的波动变化，有较强的资源配置应变能力，也会实现更高的区域产业竞争力。

对外开放竞争力。着眼国际市场，区域企业与产业在国际市场竞争中显示出来的资源配置能力与规模实力是区域的对外开放竞争力。在经济全球化的背景下，开放竞争力显示了区域在国际市场经济活动的能力，有独特而重要的意义。区域开放程度决定生产要素合理流动与配置的程度。区域开放程度高，要素流动性强，企业就能够有效引进、输出、调动生产要素，有效降低生产和交易成本，提高产品竞争力。对外开放还加强了区域与国际区域的联系，有利于吸收引进知识、技术、制度、管理、甚至文化进行创新，有利于创造新资源，培养新优势，促进产品升级，提升产业层次。

科技与人力竞争力。区域的科技知识资源水平与实力是区域生产的技术基础，而人力资本是区域价值创造的主体。区域充分的科技力、科技转化商业能力和高素质专业人才规模可以提高区域的产业生产结构整体技术水平。高科技实力特别是在代表全球科技发展趋势的重要领域拥有的优势越强，则区域高技术产业发展的势头和优势可能性就越强。科技实力还影响着企业的管理组织结构，不断优化生产工序与环节，提升专业化分工水平，增强供应链的控制能力。当然，科技实力掌握在高技术人才手中，区域高素质专业人才的集聚将新工艺、新技术应用在实际生产中，可以提高区域企业制造系统的效率和市场竞争能力。科技与人才的区域集聚可以有效促进资金、技术、管理、知识等要素向区域流动，带动区域的全方位开放和经济水平的发展。

区域竞争力代表性理论是波特的钻石模型。该理论认为，国家（地区）的特定产业是否具有国际竞争力，取决于要素条件、需求状况、支持性产业和相关产业、企业战略结构与竞争、机遇、政府作用六大因素，其中要素条件、需求状况、支持性产业和相关产业、企业战略结构与竞争是决定性因素。要素条件是人力、物资、知识、资本等资源条件，可以分为初级、高级、专门和一般要素。需求状况分为区域内需求和区域外需求，而区域内需求对产业竞争力有不可替代的作用，通过域内买方结构和买方性质实现；比如域内买方需求超过域外，则域内的产业能获得快速产业升级的竞争优势。支持性产业是为某产业提供支持的若干产业，相关产业是补充性产业；支持性产业和相关产业的发展可以促进特定产业的升级创新，并带动其他产业的发展。区域内部市场的竞争促使企业为获得持久的优势地位不断更新生产效率和生产结构，发展与竞争相适应的战略结构并参与国际竞争。机遇和政府作用是企业获得发展优势的外部条件，在匹配企业的自身运行条件下影响企业的竞争结构与状况。可见，随着要素在区域间流动性增强，区域竞争力的来源也从传统的区域内比较优势转向区域与区域间获取和配置资源的优势能力，包括区域经济制度、主导产业的竞争战略、产业结构和外部机遇等方面。因此波特钻石模型分析产业竞争力的六大因素也成为区域竞争力的重要影响因素。

3.区域经济合作关系

要素禀赋理论认为生产要素的区域间流动能够弥补本地区要素禀赋的不足并提高劳动生产率，为区域合作关系分析奠定了理论基础。随着生产过程复杂性越来越高，人力资本、研究开发、创新、技术、信息等要素进入全新的范畴，发展为新要素理论，但理论本质没有变化。

区域发展相互依赖理论从政治经济的相互制约，到经济技术特别是产业链各环节的相互依赖角度去论证，区域间经济发展不是独立而是彼此依存的。其中大市场理论认为，区域的贸易保护政策会使市场分割而缺乏弹性，无法实现规模经济。协议性区域分工理论认为A地区放弃某种商品的生产并把区内市场提供给B地区的产业，而B地区同样放弃另一种商品的生产并把区内市场提供给A地区的产业，即两个地区达成相互提供市场的协议，实施协议性分工，是一种区域经济一体化的制度。

新经济地理理论将运输成本纳入理论分析框架，认为将运输成本的减少引发聚集经济和规模经济的要素融入企业区位选择与区域经济增长问题时，可以得出不同于传统区域经济理论的新论点。理论主要研究报酬递增规律如何影响产业的空间聚集，即市场和地理之间的相互联系，认为产业在空间上的分布不均匀性是报酬递增的结果，如一个工厂孤立建在某区域和建在一定规模的城市里，前者比后者更容易出现规模报酬递减。主要原因是一定规模的城市工业基础健全，可以在一定范围为工厂更便捷地运行提供原料和中间品供应，而随着工厂的扩张和城市发展，工厂劳动生产率和收益率会随之提高，更容易实现报酬递增。新经济地理理论可以用"核心—外围"模型来表示。模型中处于中心的是工业制造业区域，外围是农业种植区域，区位因素取决于规模经济和交通成本的相互影响。假设工业生产具有报酬递增的特点，而农业生产的规模报酬不变，那么随着时间的推移，工业生产活动将趋向于空间聚集。在资源不可流动的假设下，生产总是聚集在最大的市场，从而使运输成本最小并取得递增报酬。"核心—外围"模型的重要意义在于可以预测一个经济体经济地理模式的渐进化过程。初始条件下，一个区域的地理区位可能有某种优势，对另一些区域的特定厂商具有吸引力而导致厂商生产区位改变；当该区域形成工业甚至产业的地理集中，则该区域的聚集经济就会显现，形成区位竞争优势。

第二章 区域经济均衡发展的再认识

区域协调发展问题的提出,有着很深远的理论基础。从20世纪50年代起,区域协调发展就成为区域经济理论研究中心的核心内容之一。[①]

第一节 区域差异的内涵与度量指标

1.区域差异的概念

区域经济学是研究生产力空间布局的学科。在现代生产布局研究中,各国普遍都会遇到的共同问题是不同区域间生产力水平和经济发展水平不均衡的情况。生产空间布局学诞生之时,"梯度"就是广泛用来在地图上表现不同区域间经济发展水平差距的概念,同时,也可以表现由经济发展低水平地区向高水平地区过渡的空间变化历程。最早的关于梯度的系统理论是冯·杜能的农业圈理论。该理论系统阐明了农业经济的集约化水平由中心城市向四周农业区逐级下降直到荒野要经历的梯度的量和过程。韦伯利用等费线概念比如等运输费线、等用电费线、等劳动费线或等综合成本线来探究各种工厂的生产成本在不同区域间的变化梯度并依据此找出工厂的最优区位。

区域发展的梯度反映了区域经济发展的差异。区域差异的概念,从不同角度有不同的定义。新古典增长理论表明,区域差距既有区域间人均收入的差距,又有经济增长率的差距,前者静态的变化通过后者动态的变化实现,是互补关系。魏后凯认为,区域经济差异是空间二元结构,从属地角度是人类经济活动特别是现代化大生产在地里分布上的差异;从属人的角度是各区域在经济发展水平上的差异。这种差异是中央经济政策制定的重要前提与基础,缩小区域经济差异也是区域政策的目标之一。区域差异可以分为绝对差异、相对差异和综合差异三类。陆超明认为,经济发展上的差距是某些地区发展水平很高而其他地方非常落后,

---

[①] 范恒山,孙久文,陈宣庆等著.《中国区域协调发展研究》[M].北京:商务印书馆,2012年,第20页。

形成核心与边缘的差别。韦伟认为，区域差距是一些区域比另一些区域有更快经济增长速度、更高经济水平和更强综合经济实力的表现。王一鸣认为，区域差距首先体现在经济发展水平的差距，包括工业化水平、经济结构和基础设施发展水平，最终表现为综合产出水平与效率；其次表现在生活水平差距，体现在居民收入水平和消费水平；再次是体制机制和社会文化的差距，体现在市场化程度、经济开放度、商业意识等方面。

可见，区域差距由于研究的范围、目的不同而有着不同的理解和认识，内涵相当广泛，表现在区域间自然、历史、经济、社会、文化、政治等方方面面存在的差异。区域差距是影响区域经济社会发展各方面要素差距的集合体，是区域间经济社会综合实力水平的差距。分析区域差距问题要突出经济差距，也要兼顾自然、历史、技术、基础设施、社会发展、城市化等反映区域综合实力各个方面的差距。据此，区域差距的种类有：区域自然差异指区域间在地理环境、自然资源禀赋、气候、土壤、植被等方面的差异；区域经济差异，包括区域间在劳动力、资本、科技创新等生产要素规模结构，以及产业结构、市场规模、生产效率等方面的差异；区域社会差异，包括区域人口规模与结构，社会资本存量、人文环境、政策导向等方面的差异。研究区域差异问题时，必须紧密结合各类相关因素进行分析，才能较为全面、客观、系统、准确地评价区域经济差距的各类现状与问题，判断好发展趋势并提出针对性措施，实现缩小区域发展差距的目标。

2.区域差异的客观性

区域发展差距具有客观性。从区位地理因素看，不同区域必然受自然地带性规律和非地带性因素的制约和影响。区域的自然条件和自然资源禀赋在地理上受地球的地带性规律影响分布。地球构造的非均质性使不同地带的气候、土壤、水文、植被乃至地形地貌都有不同的特征，自然环境和自然资源禀赋的区域间差异可以影响不同区域的生产地理分工、产业结构甚至劳动生产率而影响区域经济的发展。自然资源空间分布的不均衡是区域差异的初始因素。从区位经济因素看，要素禀赋的区域差异形成不同区域的各自比较优势。区域生产具有比较优势的产品形成的产业结构和不同区域间互通产品的贸易结构有利于各区域获得各自的比较优势而实现共赢。要素禀赋的区域差异因此成为区域分工和区域差异的重要原因。

同时，经济要素空间集聚规律具有客观性。人类的经济活动在不同区域不是均衡分布的，这是客观事实。新古典经济学的理论基础——完全竞争市场结构和生产要素的充分流动实现的理论上增长走向均衡无论在理论和实践中均难以实现。事实上，按照市场经济原则，基本生产要素会在劳动力共享、中间商品供求关系、技术外溢效应机制作用下流向已经形成规模经济的区域，在区域内形成越来越多的竞争优势来积累产业，走上不断壮大区域经济发展水平的发展轨道，拉大与外围区域经济发展的差异。

此外，还有区域制度变迁和技术创新能力的不平衡性因素的影响。区域制度变迁和技术创新能力在区域分布方面的不平衡性是区域发展差异的重要制约性因素，甚至是根本因素。即使在一国范围内的不同区域，主要的政治经济制度安排是一致的，但依然因为各区域的自然、历史、经济、文化、社会等诸多条件的不同，而在不同区域依然会呈现不少差异，引起区域间交易成本和产业激励的差异并继而引起区域间不同的经济发展和经济福利改进。特别是在整体制度或经济模式转型期，改革与技术创新的发生和推进在区域间的不平衡情况明显，率先进行制度与技术创新的区域更容易获得发展的先机，成为经济发展和技术创新的核心区；制度与技术创新落后的区域则落后于上述地区的经济发展机遇，产生区域间的发展差异。

区域差异客观存在并不意味着差异不可以调控。调控的内容一般包括，对引起区域差异扩大的原因进行调控，对分配过程进行调控，对分配结果进行调控等。通过区域管理政策等手段对区域差异进行宏观调控实现区域经济均衡发展是政府经济管理的重要职责。

3.区域差异的衡量指标

为了清楚地表明不同区域间经济发展差距的程度，为解决问题打好基础，可以绘制区域经济发展梯度图来表明一定范围内不同区域经济发展水平由高到低的梯度变化状况。如果在一国或地区等行政区域明确的范围内，编制这类梯度地图最简单的办法是在每个基层行政区域单位（比如市、县）中心标出该区域GDP或人均GDP数据，把数值相同的点连接成线。从这种外表与地形图近似的梯度图上可以清楚看到，在经济总量最高或最高收入地区与经济总量最低或最低收入地区之间总会存在几个中间梯度。当然，在有些国家和地区，经济发展水平在很短距离内就会出现很大的升降，即梯度急剧变化，像陡峭的山崖；而有些国家和地区，经济发展水平变化则比较平缓，像很长的山坡。例如，在美国的人均GDP等值线图上，东北部波士顿城市带、北部五大湖沿岸城市带、西部太平洋沿岸城市带和南部墨西哥湾沿岸城市带形成环绕美国的高山峻岭，然后逐步向内地延展，山坡坡度逐步下降，最后在荒凉的落基山脉地区形成最低的盆地。由此可见，反映经济总量的GDP或反映人均经济量的人均GDP是衡量区域经济水平的最基本指标。当然，随着理论研究的深入，有学者认为仅按GDP总量或人均GDP水平不够确切，比如在一些国家，有的地区因自然资源禀赋的独特条件如石油、矿产区而获得较高的经济水平，有的地区因有独特的产业如博彩业而获得较高的经济收入等，与通常的产业结构下的经济产出价值量不适合直接对比，这些区域也不能算是严格意义上的经济高度发达地区。可见，对于区域经济发展水平的衡量指标必须采用能综合反映区域国民收入水平、生产水平、科技水平等方面的指标，才能衡量一个区域的综合经济实力并进行梯度的比较。

德国区域科学研究采用多元分析法，按多项经济发展指数来区分地区经济发展水平的梯度。比如，采用高技术密集型产业产值占国民收入的比重、区域内高学历员工占比、专利项目在全国占比等指标，可以区别高梯度地区与中梯度地区；采用对区域内失业率、区域贫困线下居民户数产比，初级产业部门产值在国民收入占比，人均住宅面积等指标进行多元回归法计算各项指数权重，并将每个区域指数加权数相加来计算该区域经济发展综合水平的方法来区分中梯度地区与低梯度地区。

对区域经济差距的计量测度还有一系列指标可以使用，比如以下几类指标：

衡量数值之间绝对差异的绝对指标，包括极差、平均差、标准差等。极差可以用于测算经济发展水平最高与最低区域间各类经济收入的差异，反映区域经济数值差异的极端情况，用 $R=Y_{MAX}-Y_{MIN}$ 表示。标准差可以用于测算区域经济数值与平均数值之间的差距平方根，用于反映区域经济数据集的离散程度，可以看出各区域间差异的大小。标准差计算中，不仅要计算每个区域经济收入 Y_i 与 $Y_{均}$ 之间的差，还要计算每一次差值平方求和后的区域平均数的平方根。

衡量数值之间绝对差异的相对指标可以反映区域间的极端情况比较，如最大、最小比值构成的相对极差，用 $I=Y_{MAX}/Y_{MIN}$ 表示，不仅可以衡量出区域间的差异大小，还可以辅助衡量区域内人群对区域不平等的承受能力。相对指标还可以用不平衡差表示。不平衡差指的是不发达区域与发达区域的比值大小与1的差，这个差越大，说明区域之间发展水平的差异越大，不平衡程度越高，可以用

$B=1-Y_{MIN}/Y_{MAX}$ 表示。

衡量区域间发展差距还可以使用各类综合指标，如变异系数，用于测算区域经济的相对差异；加权变异系数，在变异系数中加入反映各区域重要性大小的权重。但最基本的是基尼系数。基尼系数是一种被广泛使用的测度不平等的方法，由基尼（1912）首先提出，里茨（Ricci）、道尔顿、阿特金森等人做了进一步的发展和解释。研究其的一个方法是考察洛伦兹曲线。基尼系数是绝对公平线与洛伦兹曲线间的面积与对角线下方科尔姆三角区域面积的比率。如果用g来表示基尼系数，则假设一个正方矩形AOXY，g等于曲线OY与对角线OY所围曲面的面积与三角形OXY的面积之比。通过数学处理，基尼系数可等于相对平均差异值（全部收入二二之间的差值绝对值的算术平均值）与总收入比值的一半，即：$g=(1/2n^2\mu)\Sigma_{ni=1}\Sigma_{nj=1}(y_i-y_j)$。

熵原先是热力学中的概念，可以用来考察个体之间的差异性（熵是信息量的期望值，即期望信息量）。个体之间的差异越小，熵值也就越大。所有个体一致时熵值也就达到最大。熵的最大值与熵的实际值的差就是塞尔指标。所以塞尔指标越小表示个体之间差异越小；塞尔指标越大，则表明个体之间差异越大。塞尔指标最早是由荷兰著名经济学家H.Theil于1967年从信息量和熵的概念出发计算收入的不平等性，是衡量个人之间或者地区之间收入差距的指标。该数值越小说明区域间不均衡程度越小。用塞尔熵指数来衡量不平等性的一个最大优点是它可以衡量一个区域的差异，并且把一个区域内各个不同地带的差异分解为地带内差异和地带间差异，因此可衡量组内差距和组间差距对总差距的贡献。塞尔指标与基尼系数相比，特点是：①塞尔指标测度出的整体差异可以分解为组间差距和组内差距两部分，可以比较计算出两部分对整体差距的贡献，这是基尼系数难以实现的，因此比较适合检验地区间的收入差距问题；②塞尔指标涉及对数运算，允许选择不同的正数做底，从而可能相差某个常数。所以塞尔指标只具有相对意义而无绝对意义。

第二节 区域差异研究的基本理论与进阶要求

新古典的均衡区域增长理论认为，由于区域间市场的完全开放，要素可以自由流动，在价格机制的作用下，要素价格会在各区域趋于一致，因此即使是初始状态下经济水平不一致的两个区域，只要给定完全竞争市场，依靠市场的力量就可以消除不平衡。

循环累积因果论是缪尔达尔在1957年出版的《经济理论和不发达地区》一书中提出的，认为一地区的经济发展对周边地区的影响有两种：回波效应（是地区间收入不均等增大）与扩散效应（使地区间收入不均等缩小）。当回波效应>扩散效应时就有使地区间差距累积性扩大的趋势，反之则相反。两种效应的发挥都要借助中介机制来发挥，包括各种经济与非经济因素。而在无干预条件下，一般来说，要素从发达地区向欠发达地区输入的扩散效应总是小于要素从欠发达地区向发达地区输入的回波效应，因而单一依靠市场力量不仅不会缩小区域间的差距，反而会扩大区域间的发展差距。美国经济学家赫希曼提出了与扩散、回流效应类似的涓流、极化效应，从而也得出了同样的观点。

库兹涅茨的倒U假说。关于地区收入差距变动的理论中，此理论被应用很多。在《经济增长与收入不均等》一文中，他得出如下结论：在经济增长的早期，地区间收入的不均等会不断扩大，在一个稳定期后不均等缩小。原因主要是：①储蓄的集中程度所产生的累积效应；②经济结构从农业向非农业转变。从该理论可见，收入不均等的解决之道就是促进经济继续增长。事实上恐怕不是理论表明的那么简单。除了经济增长外，还需要阻碍收入扩大的动态力量的发展。比如完善的法规。经济增长是基础。1965年，美国经济学家威廉姆斯在《区域不平衡的国家发展过程：一个描述过程》一文中根据24个国家的横截面和时间序列数据也提出了区域间差异发展的倒U形变化观点，认为在发展初期，地区间的差距扩大，随着发展的成熟，这种差距会逐步缩小。

二元经济结构转变的发展模式由刘易斯在《劳动无限供给条件下的经济发展》一文中提出。他认为二元经济结构下传统农业部门资本缺少，劳动力要素供给充分，劳动力要素的不断投入必然是该要素的边际劳动生产力下降，最后为0。此时，这些要素转出，进入高水平的工业部门。工业部门只要付出比农业部门略高的工资就可得到几乎无限的劳动力要素供给。因此，现代工业部门不断发展，传统农业部门不断萎缩，收入不均等逐步消灭，二元结构消失。此理论中的工业农业二元结构换成经济水平不同的地区结构也同样适用。

增长极理论由法国经济学家佩鲁在1985年发表的《发展极概念在经济活动一般理论中的新地位》一文中表述。认为增长在不同地区会表现出不同的速度与强度，在一些地区会形成增长点或增长极，然后通过各种渠道扩散到其他地区。他认为应该建立"增长极"来带动落后地区的发展。

国内学者在应用这些理论分析我国区域经济和收入差距问题时，也丰富发展了这些理论。总体来说，在定性分析上，对我国的分配制度、分配机制、区域划分方法、公平与效率关系等方面做了深入的研究，有了相对成熟的理论。在定量分析上，对差距计量方法的研究有了很大发展，或借鉴，或创新，理论方法不断完善；并对长、中、短期都有了计量研究，给予我们后面的研究提供了很好的证据。这些发展都给予了本论题研究很好的理论指导与借鉴。

区域经济发展是单一区域的发展问题，而区域经济非均衡发展是多个区域的发展问题。单一区域的发展问题是其自身发展的问题，而多个区域的发展问题不仅是区域本身发展的问题，更重要的是区域间的发展差距带来的问题。因此，区域经济发展及其不平衡是区域经济学最根本的问题。[1]经济发展的区域性特征是由经济发展的内在规律决定的，表现为区域经济空间结构的历史演化和区域经济发展不平衡。在世界经济发展的历史上，区域发展不均衡问题在不同国家的不同阶段都有表现，在中国的经济发展过程中尤其突出。中国经济是多区域组成的有机体，各地区有非常个性的经济模式与经济体系，在此基础上形成的庞大区域经济体系中，不均衡发展的现象与问题就会非常突出。国内外学者通过对区域经济不均衡发展进行的深入研讨，而对不均衡发展的看法和认识越来越深刻，但仍有巨大的讨论空间。

区域经济均衡发展充分认识到了要素投入对区域经济增长的巨大作用：通过要素的持续投入可以促进区域要素的累计，改变域内要素禀赋条件，不断弥补区间要素积累差距，推动区域经济的持续发展而缩小区间经济发展差距，长期内实现区域经济水平的均衡。古典经济理论看到劳动和资本要素应当走向边际报酬均等化且没有空间移动的障碍，因此区域经济不均衡增长是短期现象，从产期的调整来看，会逐步收敛不均衡。就区域经济所得来看，古典空间均衡理论的长期均衡时区域经济的所得税平均收敛于总体经济平均水平。大推进理论和均衡增长理论是典型，都不仅强调产业间的均衡、同步发展，也强调区域间的均衡、同步发展，即空间均衡化。理论主张在不同区域均衡布局生产力、均衡布局投资和产业，最终实现区域经济均衡发展。区域均衡发展理论认识到要素在区域中长期积累的地位和作用，但是理论知道现实意义缺陷很大。持续不断的要素投入是不确

---

[1] 金相郁著.中国区域经济不平衡与协调发展[M].上海：上海人民出版社,2007年,第1页.

定的，自然要素禀赋的区域间差异导致受此影响的区域要素积累均衡难以实现，区域要素投入与区域经济增长的长期关系是否保持线性的不确定、要素投入量难以计算等问题都使区域均衡发展理论在实践应用上有很大差距，缺乏可行性。区域经济非均衡发展理论认识到不同区域经济发展环境与条件的不同，区域经济发展常态下处于不平衡发展状态，包括经济技术水平的不平衡、投资不平衡、产业结构不平衡等。20世纪50年代开始，不平衡发展理论的发展既包括坚持新古典经济增长模型的区域增长理论也包括非新古典区域增长理论。其理论从实践和逻辑层面充分认识和论证了区域间要素投入、产业架构、贸易结构等不同领域和角度导致的区域经济发展不均衡的必然性。但是怎样解决区域经济发展不平衡带来的问题，怎样实现区域经济均衡发展是缺乏可行对策的。

无论是区域经济均衡发展还是不均衡发展理论在初衷和追求的目标上都是实现发展结果的平衡，但对现实区域非均衡发展问题的解决缺乏明显作用。区域均衡发展理论从理性观念出发，实施公平优先的发展战略，忽视了经济效益。区域不平衡发展理论比如佩鲁的增长极理论在实践中可以促进不同区域发挥各自优势推动整个国家区域的综合经济发展，但不仅无法缩小区域间的经济发展差距，还产生了马太效应，造成区域间经济发展差距的扩大。克鲁格曼的产业内贸易理论也有类似问题，该理论可以解释发达地区之间的空间发展收敛，但难以解释发达区域与落后区域之间不断增大的发展差距和无法提升的贸易规模。这种区域间经济发展差距扩大的情况是市场机制内在的规律性决定的区域要素积累造成的，迫使我们思考区域不平衡发展到区域平衡发展的路径可行性。还要看到的是，区域的均衡与非均衡发展理论都充分认识到了区域要素累积的作用，区域非均衡发展理论还验证了区域经济不平衡出现的必然性。但这两种理论都没有认识到区域发展出现不平衡的更深层次原因是要素分布情况的差异，进一步说是由于自然要素的承载力与要素的类型及其积累程度的匹配所导致的问题。[①]只有将区域自然要素与要素类型和积累相适应与协调，才能使区域要素的禀赋条件适应区域经济发展的要求从而实现区域均衡和协调的发展。这就是说，区域协调发展是区域经济发展的现实表现，本书要提出的改变区域经济均衡发展的路径就是，不仅要从区域不均衡向区域均衡发展，还要实现区域不均衡向区域均衡协调发展。

---

① 金相郁著.中国区域经济不平衡与协调发展[M].上海：上海人民出版社，2007年，第3页。

第三节 区域协调发展的特征与内容

1.协调与协调发展

协调是搭配适当、步调一致。在空间经济领域，协调是正确处理区域内外与经济活动有关的各种关系，为区域经济运行的正常运转创造良好的条件和环境，促进区域经济发展目标的实现。协调发展是促进有关发展各系统的均衡、协调一致，充分发挥各要素的优势和潜力，使每一个发展要素都能满足其他发展要素的要求，发挥整体功能，实现经济社会持续、均衡、合理、健康地发展。

协调发展的提出反映出人们对社会主义市场经济规律甚至自然规律认识的深化。在全面建成小康社会的进程中，坚持协调发展理念，就是要自觉纠正在区域和相关领域出现的只看经济增速不看社会发展，只看经济效率不看经济公平，只看短期利益不看长远福祉，只看局部不看全局的问题，并防止蔓延，避免造成经济社会的发展失衡。坚持协调发展就是坚持统筹兼顾，在经济发展的基础上促进经济社会全面协调可持续发展战略目标的实现，在经济指标获得数量提升的基础上提升全体人民的福利。

区域协调发展的内涵包括几个方面的内容。首先是地区间人均经济收入或生产总值的差距保持在合理适度的范围，遏制并逐步消除地区间人均生产总值扩大的趋势。其次是各地区民众能享受到均等化程度更高的国民教育、公共卫生、基本医疗、社会保障、社会救济救助、扶贫济困、防灾减灾、公共安全、科学文化事业发展等方面的公共服务，不出现明显差异。再次是各地区要素禀赋与生产优势可以得到合理有效的发挥，区域间交易关系顺畅，利益冲突消除，实现区域间经济关系优势互补、双赢互利。最后是各地区经济生产实现与自然资源和自然环境的协调，做到绿色、协调和可持续发展。

2.区域协调发展的特征

区域协调发展具有空间性特征。由区域经济理论可知，区域经济是特定区域内经济生产活动及其引出的经济关系总和。在一国地域范围内，区域是整体范围的一部分，则相对于一国整体的国民经济而言，区域经济是国民经济整体分解为局部空间的结果。国民经济的内容涵盖全产业经济系统，也涵盖全区域经济系统，但在市场经济条件下，产业经济系统融合在区域经济系统中，因此区域经济系统是国民经济系统的真正子系统。区域经济体系由无数个区域实体组成，每个区域空间实体都有自身的特点和运行规律。这种国民经济宏观管理下的按照地域范围划分的经济实体运行都被看作区域经济运行。区域经济协调发展的空间性特征表明，如果抛开区域与国家的关系而单独看待区域的发展，就会使每一个区域空间孤立起来。即使单独计算每个区域空间经济的总量与增长并简单进行算数加总形成整体经济总量与增长，也只会以简单经济增长值掩盖实际上无数经济关系的对立，结果就会由于区域发展外部环境的破坏而阻碍区域持续健康发展。

区域协调发展具有功能性特征。区域协调发展的功能性是通过空间区划实现的。空间区划是一国整体地理范围不断分解的结果，每一个空间区划就是整体地理范围分解成的一部分。国民经济作为整体地理范围内的经济整体，对其逐层分解形成一个个完整的区域经济系统。不同的整体分解方法可以分成不同的经济系统，其中类型区和系统区两种分解方法对认识区域协调发展有重要意义。类型区的划分依据区域的相同或相异性关系，即区域内的相同性和区域间的相异性来划分，是一种静态排列。类型区的划分需要明确的标识，标识可以是自然、经济的，也可以通过主成分法提炼或归纳。类型区在区域经济研究中的重要性体现在，类型区表现出来的是一个区域在自然景观和经济景观的类型差异性。差异研究是区域研究的生命，有差异才有类型。而系统区是区域空间之间位置关系和相互作用关系的表现。系统区的划分将地理位置相连的区域连在一起研究，不强求自然和经济的统一性，仅研究区域之间的相互联系。因为地理位置上的相连，完全可以将它们看作一个整体研究，通过整体着眼再分解研究整体下的区域部分特征。总之，区域协调发展的功能性要求不同类区域之间的发展关系有互动的过程。区域经济发展在很多条件和时刻不能实现和走向协调的原因不是发展本身的问题，而是缺乏必要的带动意识与政策配套。

区域协调发展有动态性特征。在地理空间上占据一定范围特别是较大范围的地区，其内部各区域经济发展水平在现实中不可能完全达到均衡状态。以人均经济规模来看，一定有些区域经济水平更高，有些区域经济水平更低；从经济增速上看也一样，一定有些区域经济增速更快，有些则不然。国家、省域、市域、县域内都是如此。对具有决策权的市场经济主体而言，资金等要素投入在经济总量和增速更有优势的区域，虽然获得更高的汇报效率，但会加大区域间经济发展的差距；若投入在相对落后的区域，可以缩小区域间的经济差距，但不利于生产要素获得更高经济效益。实际上，区域经济发展都有公平与效率取舍的问题，区域发展无论政策还是激励以实现区域帕累托改进为目标是可行的。区域因素地方化是区域发展中的最大问题。造成的结果要么是少数区域的局部膨胀，要么是不顾客观条件去盲目开发。区域的不平衡和区域的均衡并不是自然而然的，都有其社会和政策背景。要想在强调少数区域优先发展的同时解决发展"区域化"的问题，就必须对发展战略进行新的调整。区域协调发展对区域发展导向的纠正和干预，目的是树立整体和协调的区域经济发展关系。

区域协调发展的综合性特征。区域协调发展是区域发展问题上科学认识的体现，是区域发展和区域协调的统一，也是区域发展综合性的体现。区域发展不仅是从统计学意义上对整体宏观经济的各自贡献，还要能真正有益于有机整体，也就是看到区域间有机联系的整体。发展的实质是目标与手段、要素与系统、个体与整体、发展与协调的统一，不会破坏区域间的联系与经济关系，而是有益于区域关系走向协调。发展的道理不是只有发展之后才有解决问题的办法，而是发展本身就可以成为促进协调的力量，协调就是发展的题中之意。任何发展都是一定经济关系下的发展，如果将发展与协调对立，或者将协调视为发展之后才能解决的问题，那么区域协调发展的局面就难以实现。区域分化实际上是区域分割式的独立发展模式，经济成果与财富只局限在少数地区，这实际上是一种掠夺式聚集，不断发展只会不断破坏区域经济关系，更不用说协调关系。区域增长极形成后，带动落后区域发展的理念与政策单纯来看并不一定是错误的，但如果仅仅依赖市场机制来实现带动和调节，则增长极的带动效应很难发挥，结果反而是两极分化的出现。

3.区域协调发展的主要内容

区域协调发展的内容非常丰富，包括各区域间经济总量的协调、产业结构的协调、经济布局的协调、经济关系的协调和发展失序的协调。

一是区域经济总量和水平的协调。区域经济总量的协调是在考虑各区域所处的位置、拥有的人口和目前发展水平的前提下，实现各区域在发展规模上的协调，可以分解为区域发展的规模协调和区域经济的水平协调。区域发展的规模协调是综合或组合的概念，指在各地区的比较优势和特殊功能都能得到科学有效的发挥，才能体现因地制宜、分工合理、优势互补、统筹发展的区域经济，这才是区域应当具有的发展规模。区域经济的水平协调是各地区城乡居民可支配购买力和享受基本公共产品与服务的人均差距能够限定在合理范围内，以人均GDP等经济量指标可以衡量的发展水平差距逐步缩小。

二是区域产业结构的协调。区域产业结构的协调标准是比较明确甚至严格的。第一是合理利用区域自然资源的情况。产业的形成与发展都不可能脱离物质基础，只有在合理利用本地自然资源基础上形成的产业机构才能更好利用区域的自然资源禀赋条件，取得最佳的经济生产效益。第二是区域内各产业的发展特色突出，能够按照区域禀赋和区域分工要求，做大做强特色经济。第三是区域产业能够提供与区域发展水平相吻合的产品和服务。第四是区域产业能够合理开发和利用国内外的成熟技术，充分吸收当代最新科学技术成果，具有一定的产业创新能力。第五是区域产业可以实现绿色发展，与区域自然生态环境协调一致。

三是区域经济布局的协调。区域协调发展的中心环节与核心任务是优化地域经济空间结构，实现区域经济布局的协调。根据区域经济发展需要，在综合评价区域发展优势和制约因素的基础上，充分考虑市场的需求和区域间的经济联系，实现区域经济资源的优化配置是布局协调的主要内容与方向。区域经济布局协调包括中心城市与周边区域的发展协调、重要基础设施在区域间的协调以及区域的产业功能分布协调，特别是产业功能分布在大的经济带、经济板块间的协调。比如，国家都市圈和经济带集中一半以上人口比例和经济总量，就会降低其他区域的比重，发展速度的差距、生产要素的流动集中差距都会进一步加大，优势区域的地理面积占比越来越小，而与之拉大差距的区域地理面积占比越来越高，难以实现协调之目的。

四是区域经济关系的协调。区域经济关系协调的目标是各区域之间基于市场经济导向的经济技术合作能够实现全方位、多领域和高水平，各区域之间互利合作的新型区域经济关系。从竞争关系协调角度看，区域经济竞争关系主要出现在经济发展机构与特点相似的区域之间，这些区域的产业特点很详尽、结构趋同、竞争是常态，会出现争夺共同市场和经济资源的情况。但从全国大市场角度看，竞争往往是局部性问题，包括政府在内的各种区域经济主体会进行经济理性分析以趋利避害，各地区自然条件和经济发展差异的现实要求更多的合作，将区域竞争局限在有限的空间和领域。从区域经济合作关系看，区域良好的合作关系比单纯的竞争关系更能实现双方的合作，有利于不同区域之间优势与劣势要素生产的互补，在互为市场关系中扩大生产规模，提高经济效益。区域间产业的生产联系十分普遍，是区域合作的基本形势，通过产业合作带动经济生产其他方面的合作是市场经济运行的良性趋势。

五是区域发展时序的协调。区域发展关系有时序问题存在，即先发地区和后发地区之间的联系与区别。制定区域协调发展战略应该确定正确的发展时序，对不同规模与类型的区域之间协调合理的发展顺序进行符合市场规律的顶层设计，并规划发展阶段与推进路线。

总之，从区域协调发展的内涵看，区域协调发展不仅是目的，也是促进所有区域全面发展的重要手段。贯彻协调发展理念，采取统筹兼顾的发展思路是区域协调发展的实践着眼点。

第三章　近代中国区域经济非均衡发展的状况

我国这样一个历史悠久、幅员辽阔、人口众多、各地自然环境差异很大的国家，如何纠正近代中国半殖民地半封建社会条件下自发形成的极不平衡、极不合理的工业分布是全体中国人民肩头沉甸甸的任务。

第一节　近代中国区域发展差距的基本情况

顾准在谈到如何研究中国经济的问题时，认为要把中国的事情弄清楚，首先得学习世界文化史、经济史、政治史、宗教史，对整个人类历史做一番整理，然后回过头来探究中国的问题和人类的未来，就容易看得清楚。他的意思很容易理解，方法也十分正确。只有把研究的问题放在一个大背景中，而不是孤立地看待此问题，才会对其有更完整和更深入的认识，这符合辩证法的认识论要求。我们这里的研究当然展开不了如此大的历史背景，但是将本书研究的论题放在一个一定长度的历史时期中去看待，可以更清楚地了解其来龙去脉，对论题现状的分析，对未来趋势的判断才能做到合乎情理、实事求是。这样的认识才有科学性和应用价值。因此我们首先来看中国地区经济差距的历史。

我国经济的发展水平自古以来在地域上就一直表现出不平衡性，并不断有变化。奴隶制时期的夏、商、周朝的都城在山西、陕西、河南一带。春秋初至秦汉直至初唐，我国的政治经济中心集中在西北，当时西北以占全国10%的小农就能提供全国九成以上的粮食用度。唐末安史之乱后，战争频繁，藩镇割据，丝绸之路被阻隔，大批农业、手工业者开始向东向南迁移，全国的政治、经济、文化中心也就不断从内地向东南迁移。江浙、湖广等地开始成为农业经济的发达区域。随着这些地区农业、手工业的发展，明代中叶，资本主义萌芽开始出现在东南沿海地区，更进一步促进了其发展，并形成了专业化的生产区域，如长江三角洲与珠江三角洲的养蚕与丝织业；华北平原的棉纺业；景德镇的陶瓷业；广东、福建的制糖业等。

中国百年来工业发展和地区分布是在半殖民地半封建社会的历史背景下展开的。从1843年在上海出现全国第一家现代化企业开始，我国工业就受着外资和国内官僚资本的控制，其中外资的垄断性步步加强。甲午战争前，中外资尚能平分秋色；甲午战争后，外资开始占优势，以后逐步控制了我国各主要工业部门。全面抗战前夕，各国在华投资总额达到45亿元，而当时各国在日本的投资额不足22亿元、在印度的投资约28亿元；我国民族工业的发展水平，赶不上十月革命前的沙俄、1929年的日本、也赶不上印度。至抗战结束，外资已扩大到97亿元，可见外资对中国工业的垄断程度在不断加深，且比其他国家受影响更深。外资在中国建立工业的目的是要在经济关系上将中国定位为可提供市场、原料和可压榨劳动力，以配合资本主义世界生产链条的经济地区。在外资投放的领域可见到符合上述总特征的三个基本特点：一是在全部投资中，商业掠夺性资本占主要地位。二是在工业投资中，以轻工业为主，只在特殊情况下才有较多资本投向重工业，且以采矿业和军火工业为主。也就是说，外资在中国的投入只适应它们自己的需要，片面发展轻工业、采矿业，却阻止重工业基本部门的发展。三是投资的地区分配，主要集中在通商口岸及主要帝国主义的势力范围内。1914年全部外资企业投资的27.7%集中在上海，33.3%集中在东北；1930年集中在上海的占42.8%，集中在东北的占33.9%。由于外资占中国全部资本的主要部分，因此外国资本投资的这些特点就直接影响到旧中国整个工业发展的微弱性、工业结构的片面性和地区分布上的畸形集中性。

官僚资本是官办资本、官办企业的形式。官僚资本举办的主要目的是借助和利用外国资产阶级的生产方式和生产技术提高统治暴力机器的水平，即提高军事装备及其相关产品的水平。其在建设过程中具有浓重的买办性（即在技术、设备、器材上都以帝国主义为靠山）、军事封建性（即着重于军需品的生产，并用以维持集权统治）、腐朽性（即扼杀民族工业和小生产者，本身的经营管理难以符合现代企业管理的要求并伴随腐败），逐步成为外资的附庸。因此官办工业无法建立协调有序的工业体系，其分布与官僚资本的性质是相适应的，即一部分集中于通商口岸，便于同外国资本相联系；一部分集中在有关官僚的统治中心和经济活动基地，以经济实力加强其政治统治。

民族资本在近代发育以来，受外国资本、管理资本的双重竞争与压迫，与外国资本与官僚资本存在既矛盾又依存的关系。民族资本难以插足军火工业和主要矿山工业，也无力大规模经营重工业，一般集中在轻工业。在地区布局上，它们既要摆脱外资的压迫，试图在外资控制较薄弱的地区建立工业，但又逃不脱外资的竞争，而且它们也无力独自开创工业发展的经济环境，因而民族资本工业的主要部分，还是集中于殖民地性的大中城市。

因此，近代中国，外国资本主义凭借各种政治、经济特权，将近代工业制成品与生产方式带入中国，瓦解了中国的自然经济结构。但这样的过程并不是在各个地区同步进行的，东南沿海地区成为最早接触到这些生产方式的地区，这些区域也成为最早发展近代工业生产的地区，这也进一步加剧了地区间经济水平发展的不平衡。随后受到多年战争影响，各地发展的状况变动较大。但到1949年新中国成立时，我国地区经济发展的总体格局已经确定，即占国土面积不到15%的东部地区（含东北地区）的工业产值约占全国七成以上，占国土面积约70%的西北西南地区，工业产值在全国总比重中，不到10%。区域经济差距显著。

第二节 近代中国工业地区分布的历史阶段

1.鸦片战争后到甲午战争前，东南地区少数大工业中心开始形成

当时的西方资本主义还没有发展到帝国主义阶段，对中国经济侵略的主要目的是把中国变成它们的商品市场和原料供给地，主要形式是商品输出，资本输出的条件不具备，建立工业设厂还受到清政府的抵制，外资活动范围局限在少数通商口岸。这一时期除少量官办军用工业外，外资与民族资本工业主要有四类：一是出口世界市场的农业加工工业，包括制茶、制糖、轧花等工厂，目的是输出中国的农业原料；二是便于货物运输的船舶修造业，目的是控制中国航运；三是外资利用中国廉价的原料和劳动力，以产品销售于中国市场的加工工业，主要是为城市剥削阶级服务的制药、饮料、制冰、家具等工业，民族资本为了满足地方市场需要的加工工业也属于这一类，其中主要是面粉、火柴、造纸等；四是城市的水电气等公用事业。这四类工业中，第一类是最主要的。这种工业结构表明，中国近代工业的初创时期，就具有极端缺乏基本重工业的弱点，其主要部分是和进出口贸易相联系的。在地区分布上，这一时期建立的工业突出集中于东南沿海、沿江地区：分布在上海的超过一半，加上广州（占8.1%）、武汉（占4.8%），超过六成，其余也主要分布在厦门、福州、宁波、汕头等地。除自《南京条约》开始，不平等条约要求开放的通商口岸几乎全部在东南，特别是东南沿海地区，因为东南地区是当时中国最主要的茶、丝、甘蔗产地，经济富裕，商业资本活跃。对外国资本来说，这个地区既有资源可供掠夺，又便于从原有的商业资本中培养买办阶级为它们效力，还可以享受不平等条约所规定的特权以保障其工业利润；对民族资本来说，这个地区便于农产品的加工出口，也便于进口外国的设备器材；对于官僚资本开办的一般企业来说，在这里也找到了较大的市场，也便于进口国外的技术装备。因此，外资和民族资本经营的农产品加工工业、官办的纺织等一般工业都纷纷向东南地区的少数城市集中，而这些工业正是这一时期工业的最主要部分。

在东南地区工业又主要集中在广州、上海、武汉三个点上。

广州位于珠江水系三大支流的汇合点，面对南海，它既是一个河港，又是一个海港。利用海洋可沟通海外，利用珠江水系可由东、北、西三江干流通往富饶的珠江流域。利用五岭上低平的山口还可以从陆路上同长江流域及中原取得联系。早在鸦片战争以前清政府实行闭关锁国政策时期，全国只指定广州为唯一的对外贸易港口，因而长期以来广州独占中国的对外贸易。国内输出的商品，大体上分两条路线到达广州：一条是在江西集中了汉口一带和苏、浙、皖、闽等省的商品，经赣江越大庾岭到广州；一条在湖南湘潭集中了汉口以上的长江上游的产品，经湘江越骑田岭到广州。这种特殊地位，使得广州最早开辟为商埠，较早地集中了一些农产品的初步加工工业和船舶修造业。但经过鸦片战争，上海开埠后，广州工业的发展逐渐落后于上海。

上海位于长江的出口，长江上游的农产品顺江而下到上海出口，远比转一个大弯、翻山越岭到广州出口方便；上海比广州更接近江、浙、皖、鄂的茶、丝产区；长江流域面积远比珠江流域大，物产丰富，人口众多，特别是上海附近的杭嘉湖平原，商品经济发达，人民消费水平相对较高，既能提供大量的出口商品，又能容纳大量的进口商品；对外资来说，控制了上海，不仅可以此为据点，利用长江流域原有的水运系统将其侵略势力深入广大内地，而且可利用南北洋航线伸入整个沿海地区。因此，上海一开埠就迅速取代了广州成为全国最大的通商口岸。也正是由于此，掠夺中国农业原料、便于出口的加工工业，很自然地就向上海集中。随着进出口贸易的发展，船舶修造业也应运而生。随着国内外富商巨贾、买办豪绅、地主官僚的集聚和工业的集中，水、电、气等公用事业和为剥削阶级生活服务的消费品工业也就发展起来，从而造成这一时期上海工业的迅速膨胀。

上海的发展还和长江流域资本主义市场的开辟相联系。从上海开埠到1891年重庆开为商埠，外国侵略者的轮船可从江口上溯重庆，沿江已先后开设了八个商埠（上海、镇江、南京、芜湖、九江、汉口、宜昌、重庆），这些商埠原来就是相当重要的地区性经济中心。如镇江是大运河与长江的交叉点，是东西南北交通的一个重要水运枢纽；芜湖在长江南岸，是巢湖流域、青弋江一带的米粮集散地，从此又可进入皖南一带的茶区；九江在鄱阳湖和长江相接的地方，它的商业范围不但包括江西全省，而且兼及鄂、皖部分地区，是全国重要的茶市；汉口位于汉水与长江交汇处，原是天下四大镇之一和九省通衢；宜昌是入川的咽喉；重庆是四川盆地的水运商业中心。开埠以后，资本主义国家的商品就源源流入，再通过这些商埠原来的运输系统和商业系统分散到各处。同样，出口物资也是首先向这些商埠集中。长江沿岸除上述八个商埠外，《烟台条约》还规定留个装卸货物的地点。这样长江流域在对外贸易上占了特殊重要地位，而上海则是长江流域的总汇。它的广阔腹地既为它提供了广阔的市场，又给它带来了丰富的农业原料。所以长江流域半殖民地化程度的加深，也促进了上海半殖民地性工业的膨胀。

至于这时期武汉工业的发展，除与上述因素有关外，还和清政府官办企业的发展有关。这时期正是洋务运动的一个重要阶段。官僚集团搞洋务、办工业，其真实意图主要有两个方面：一是制造军火，加紧镇压人民革命运动，巩固自己的统治地盘，增加其政治资本；二是开发统治地区的富源，搜刮民脂民膏以自肥。在这一时期，后者又往往从属于前者的性质。因为军火工业不计成本，亏空很多，往往需要靠获利较多的一般工业来弥补。张之洞是洋务运动的健将，其统治中心在武汉地区。从上述两方面的目的出发，他在武汉先后开办了一批军火工业、为军火服务的钢铁工业以及为了弥补上述工业亏空的纺织工业，从而造成这一时期武汉工业的发展。

2. 东南地区工业的进一步发展，北方大工业的初创

这个阶段大约包括甲午战争后到第一次世界大战前的二十年左右（1895—1913年）。这一时期我国工业发展的基本形势是：资本主义进一步破坏了中国原有的经济结构，国内资本主义市场继续扩大，阶级矛盾更加尖锐。清政府为了镇压各地的农民运动和少数民族起义，一边继续发展军用工业及为军用工业服务的矿业冶金业；但在同时，由于军用工业成效不大，亏空甚多，因此工业重点转向一般民用工业，并把大批民用企业招商承办。地主官僚买办商人向工业资本的转化比较明显，由中国人自办的以纺织、食品为主体的工业有了进一步的发展。这一时期国际资本主义已完成了向帝国主义阶段的过渡，资本输出成为经济侵略中国的主要形式。《马关条约》正式确定了帝国主义在中国设厂的权利及其他特权。于是外资就明目张胆长驱直入，在中国的工业投资比过去五十年有了飞跃的增长。这时期的工业发展具有三个重要特点：一是发展规模扩大；二是在工业结构上，主要部分已不是便于农业原料出口的加工工业，外资经营的工业主要是棉纺织、卷烟、造船、水电气、采矿五大工业部门，尤以采矿工业有了较大发展；国人经营的主要是缫丝、棉纺织、面粉、榨油、卷烟、火柴等工业；三是外国投资中，垄断资本已占主要地位，开始形成对中国工业的垄断。这些工业发展特点反映在工业地区分布上，发生了一系列变化：

首先，工业，特别是采矿工业，开始由东南地区向北部沿海和内地少数地区移动，东北工业有了较明显的发展。东北工矿企业在全国所占比重上升到14.5%，形成哈尔滨、大连两个工业中心和抚顺、本溪等较大的矿山。京、津、济南、烟台的制造工业及冀鲁的矿山工业也有较大发展。河北的开滦、临城，山东的淄博、枣庄已是较大的煤矿。内地的晋、豫出现了较大的煤矿，湘、桂、滇出现了较大的有色金属矿。

其次，东南地区部分大工业城市的工业在全国所占比重相对下降，但工厂数仍在增加，大城市膨胀的趋势明显。东南地区工业仍占全国重要地位。

最后，工业虽然由沿海向内地扩散，但广大内地工业发展水平仍然很低。

工业分布的变动是帝国主义侵略范围扩大、中国经济半殖民地化程度加深的结果。甲午战争后，帝国主义对中国的经济侵略，已不满足于一般的输出商品、掠夺农业原料，而是利用在华设厂、修路、开矿的特权攫取租借地，划分势力范围，进行瓜分中国的活动。他们划分势力范围的主要基础有两方面：一是发展以掠夺矿产资源为目的的采矿工业，二是修筑铁路。而后者又是前者发展的一个条件，因为取得铁路修筑权，就连带地取得了沿线的矿山开采权，同时铁路的修建为矿山的发展提供了必要的运输条件。有了势力范围，发展其他工业有了更大的保障，因为帝国主义经营的工业，其分布是和帝国主义的势力范围相适应的。当时帝国主义势力范围的划分，大体上是：以英资为主，以东南地区为根据地，进一步扩展到黄河中下游的晋、冀、豫地区；以英、法资本为主，侵入西南地区；以德资为主，以青岛为据点，伸入山东内地；以俄资为主，后来又以日资为主，侵入我国东北地区。随着帝国主义势力范围的扩展，引起了工业、特别是采矿工业由东南地区同时向北部地区和内地某些地区移动。这一时期东北工业发展较快，东南地区中小工业基地出现。

东北富有大豆、小麦等农业原料，又多煤、铁等资源，邻近东北的沙俄和日本都想把东北变成自己的势力范围。对沙俄来说，掠夺东北是它向远东扩张、在东方找到出海口的重要步骤。对日本来说，掠夺东北是它征服中国、征服世界的重要步骤。最早侵入中国的英帝国主义，也想从东南入华北进而侵入东北，但沙俄先来一步，取得中东铁路修筑权后，北满成立它的势力范围，随后又进一步向南满扩张。俄国资本先以哈尔滨为中心，接着在北满小麦产区的铁路沿线建立了一批主要供应俄国军需的大中型面粉厂，满足俄侨需要的酿造厂、烟厂、糖厂、肥皂厂、制革厂。为了供应工厂和中东铁路的燃料，又开始掠夺铁路沿线的煤矿资源。沙俄在东北的扩张同日本的扩张发生了尖锐的矛盾，导致了日俄战争。战争后，日资在东北的势力压倒了俄资，中东铁路支线的南满铁路被日控制，南满成为日资的势力范围。它以大连为据点，在大连及其周围地区建立了一批工矿企业，主要掠夺南满大豆资源的榨油厂、控制南满铁路出海口、加强东北与日本本土的联系、为大规模掠夺东北做准备的造船工业，以直接掠夺矿产资源为目的的采矿工业（主要是煤矿），分布在铁岭、长春、哈尔滨，以及与俄资竞争的面粉工业。东北工业开始在全国占据一定地位，并形成哈尔滨、大连两大工业中心。

日俄在东北开始扩张时，英国利用东南沿海通商口岸已形成的现代金融、交通运输和动力等条件，以上海等大城市为中心，急剧地扩充了棉纺织工业、发展了卷烟、造船等工业。

外资在上海等大城市扩张时，民族资本开始把工业向大城市附近的中小城市扩散。扩散的原因是：首先，外资在大城市的集中使城市中原料的采购、产品的推销、廉价劳动力的取得上对民族资本造成很大压力，民资与外资在同一地点直接竞争将面临很大风险，而中小城市外资渗透少，竞争风险小。其次，中小城市一般都是历史上手工纺织、粮油加工比较发达的地区，有传统的市场和一批专门技艺的手工劳动者。大工业摧毁了手工业，既取得了夺得市场的机会，又得到了破产手工业者形成的廉价劳动后备军。同时，这些中小城市更接近棉花、小麦、蚕茧的产区，而且这时民族资本家以退职、候补官吏为主，其政治经济势力在原籍为大，方便在经营工厂的同时，兼营有关农业原料的生产，原料来源较为方便可靠。民族资本在外资压迫下，利用上述条件把工业向上海、广州附近的中小城市分散。但是，这种分散并不能从根本上改变工业集中于大城市的趋势，因为帝国主义经营的集中在少数大城市的工业已占垄断地位。民族资本的工业扩散有限。现代工业需要一定的技术力量、机器设备，要有方便的运输条件，要有水电气等公用事业和金融事业的支持。远离沿海少数通商口岸的广大地区，交通不便，机器设备的进口、技师的聘请、资金的融通都比较困难，为了建设一个工厂，单搞一套远非一般资本家力所能及。所以分散也只是在沿海地区范围内的局部分散，即由东南沿海向北部沿海地区的分散，由东南少数大城市向附近中小城市的分散。广大内地除搞了一些采矿工业外，并没有形成一个真正的大工业中心。

3.长江三角洲地区工业城市集团的形成和工业显著向北移动

这个阶段大约包括第一次世界大战到抗日战争前的二十多年时间。这个时期经历了第一次世界大战等重大历史事件，原来的俄国资本退出了中国，欧美帝国主义在华的侵略势力相对削弱，而日本帝国主义的势力空前加强。民族资本工业经历了一个短暂时期的大发展，接着又急剧衰落。

在这一背景下，工业地区分布的主要变动如下：

首先，东南地区内，上海工业继续膨胀的同时，以纺织、食品为主体的轻工业进一步向上海周围的中小城市扩散，并同上海连成一个以轻纺工业为主体的工业城市集团。上海工业的继续膨胀由两个因素促成，一是民族资本大量向上海集中。民族资本由于与帝国主义千丝万缕的联系，本来就有向沿海大城市集中的趋势。欧战期间，西方帝国主义忙于战争，上海等大城市的外资压力有所减轻，民族资本在这个空隙得以在上海立足。同时，战时许多工业品的外销量大，在上海建厂可减少产品出口的运输费用，得到更多利润。因此民族资本在上海建立了不少大型棉纺织、丝绸、面粉、榨油、卷烟等工厂。上海工业继续膨胀的第二个原因是这一时期的后一段，由于日本帝国主义企图在上海这个多帝国主义争夺的场所排挤其他帝国主义，特别是利用英国在欧战期间大大削弱的时机，排挤这个长期在华工业投资中占首位的帝国主义，于是以棉纺织工业为主，大大扩展了它在上海的经济实力。而上海附近以棉纺织工业为主体的南通、常州，以棉纺织、丝绸、面粉工业为主体的无锡，以丝绸业为主的苏州以及其他一些小工业中心都有一定的工业实力，并与上海组成了一个以轻工业为主体的工业城市集团。

其次，工业向东北（主要是辽宁）和华北沿海地区显著地移动。"九一八"事变后，东北以矿山冶炼为主的工业得到空前的扩张，许多重工业产品产量占据全国首位。东北工业的扩张是和各帝国主义在华力量对比发生变化、日资重点转向东北直接联系的。欧战前在华投资最多的是英国，其次是沙俄，第三是德国，第四是法国。欧战期间，日乘机扩充，"九一八"事变后，日资更突出增加，到1936年，日资已超过英资一倍，占各帝国主义在华投资的首位。日资猛增的同时，投资的地区分布也发生了变化，即日资主要集中于东北。日本帝国主义在东北，不仅仅是要把东北变成商品市场和一般的原料供应地，而是处心积虑地排挤沙俄，独占东北，然后将东北作为向整个中国大陆扩张的基地。

"九一八"事变后，东北全境沦陷为日本的殖民地，于是日本就开始有计划地大规模掠夺东北。1933年，东北关东军制定了侵略东北的四大方针，中心就是更大规模地掠夺东北的矿产资源，把东北变成军事原料基地。根据四大方针所制定的"经济大纲"，在工业方面就是设立特殊公司，开发矿产。煤由国有公司统制，力求减低价格，便于其他工业的发展。电气统一经营，以低廉丰富为目标。其他如金属、机械、油脂、纸张、纺织、面粉、火柴各工业，依国内需要逐渐在统制原则下建立。为此，先后成立了"满铁""满碳"和"本溪湖煤铁公司"三大系统，几乎囊括了东北一切主要的煤矿，发展了鞍山、本溪等地的钢铁工业，初步形成了以大连、抚顺等电站为中心的南满输电网。在煤、钢铁、制盐业的基础上创办了一批煤炭化学和盐碱化学工厂、机械工厂。从日本整个侵略政策来看，掠夺东北后掠夺华北是第二个步骤，企图把华北经济和日满经济铸成一体。华北幅员辽阔，人口超过一亿，比东北有更多的廉价劳动力和更广大的市场，且盛产"两黑"（煤和铁）和"两白"（棉和盐），这是日本本土和东北所缺少的。全面抗战之前，日本在华北的扩张主要是掠夺棉花，发展棉纺织工业，重点是山东和河北。山西在阎锡山的统治下，成立西北实业公司利用山西富有的煤、铁、池盐、硫铁矿等资源建立了以军事工业为主体的一套工业，使工业落后的山西工业有了显著的发展，并开始在全国占据一定的地位。

在长江三角洲地区工业继续发展的同时，工业显著地向北部沿海移动是这个阶段工业分布变动的主要方面，但仍不能改变全国工业集中于沿海的现象。一方面是帝国主义虽然想掠夺中国内地的资源、市场和劳动力，但仍在风险控制要求下集中在其统治力量较雄厚、投资比较安全、便于进行控制的地区，而不敢把工业资本大量投向内地。对民族资本来说，虽然也想把工业移向内地，但是一方面成本和收益并没有明显优势，另一方面为躲避内战，逃避内地军阀林立下的苛捐杂税，民族资本更愿意依靠帝国主义的庇护，宁可把工厂集中于帝国主义控制力量较强的城市，也不愿改变集中沿海的基本状况。

4. 东北重工业急剧膨胀，华北重工业抬头，东南地区工业衰落，工业向西局部移动

这个阶段包括全面抗战的八年，日寇占领了我国各主要工业区，没收了英、美及其附庸在华的财产，对华投资形成了空前的独占局面。民族工业部分西迁。官僚资本以"资源委员会"为中心，对后方民族工业进行掠夺。从全国来说，民族工业元气大伤。

这一时期，日本对华的经济侵略是和其军事侵略密切结合的。包括大规模掠夺工业资源特别是战略资源，并在中国境内建立新的军事工业，以保证大规模侵略战争的军事需要。"以战养战"是经济侵略与军事侵略相结合的表现和产物。1940年提出了所谓"适地适产主义"，要在日满之间施行适当的专业分工，以实现所谓的"彼此互助，共存共荣"，即"在工业的分野上，日本侧重于军事、机械、精密工业的发展，满洲侧重电气、矿业、部分机械工业和轻工业的培植，中国的北部着重于制盐工业（日本本土受气候、地形、海水含盐成分的限制不利于晒盐工业的发展，工业用盐不足）和矿业的开发，华中则容忍在某种限度内轻工业的存在"。

这一阶段第一个重要变动是控制和掠夺东北的重工业。1937年，日本制订了《满洲产业五年计划》，仍以"满铁"为先行，又以伪满洲国出面成立了实际全为日本财阀指挥的"满洲重工业开发公司"。这两大机构拥有各种特殊公司90多家、准特殊公司及一般公司总计6878家，占日本在华投资总额的近九成，是掠夺东北的两个最大的垄断体系，控制了东北的一切工业部门。日伪在东北的工业有一半是同军事工业有关的，其中对矿产资源的掠夺是中心环节。

第二个重要变动是控制和掠夺华北的重工业。"七七"事变后，日本迅速侵占了华北，其主要侵略目标是：以华北煤矿三公司（中兴、大同、山东矿业）和煤矿七组合（中兴、大汶口、阳泉、焦作、磁县、新泰、山西各矿）为核心，大力掠夺华北大煤田；以华北钢铁公司为主力，重点掠夺龙烟铁矿，扩充山东、山西铁矿，并收回炼焦副产品，控制煤焦化学工业；以华北、山东盐业公司为主力，掠夺华北盐厂，控制青岛、天津的盐碱化学工业；以华北矾土公司及华北轻金属公司为主力，掠夺冀东与山东的铝矾土矿，利用碱、煤、石灰石等资源制造铝的半制品，供日本及东北的炼铝工业。这时期华北工业的重点是在天津。

第三个重要变动是东南地区工业的衰落。最明显的是上海周围中小工业城市和珠江三角洲地区。原因是受战争初期炮火摧毁和工厂设备的内迁。但也要看到，以上海为中心的东南地区，在战前各个阶段中已形成比较强大的工业基础，尤其是上海在全国工业中的地位一直很突出，所以这一地区的工业仍在全国占有重要地位，只是在这个地区范围内工业更加集中于上海。

第四个重要变动是工业的向西移动，西部地区工业有所发展，并形成少数工业中心。主要原因一方面是沿海和长江中下游工厂的西迁，构成了西部地区工业的主力；另一方面是人口西迁引起的民用工业品需要量的增加刺激了工业投资，新建了一批小厂、矿。西部地区的工业主要集中在四川和重庆周围。但工厂西迁和内地工业发展，实际上只是在抗战最初几年，1942年后半年就进入衰落时期，到战争末期，整个西部地区工业实力已经很有限，不可能改变全国工业偏集于东部沿海的基本状况。

由于抗战胜利后到新中国成立前，工业地区分布上没有发生重大变化，全国工业地区分布的轮廓就此形成。按地区分布简要概括如下：

中国近代工业最早是在东南地区发展的，占重要地位的是上海和闽、粤、鄂三省。在以后各阶段内，上海是持续发展的。甲午战争后到抗日战争前，上海附近出现了一批中小工业中心，使长江三角洲地区形成了一个以轻工业为主体的工业城市集团。但在此过程中，闽、粤、鄂工业却相对停滞。抗战期间，东南地区除上海外，整个工业是衰落的。

华北沿海地区最初以煤矿为主，其后是棉纺织工业有了很大发展，形成了青岛、天津两大工业中心。此后，煤、钢铁、盐碱化学等重工业膨胀。

东北工业最初以面粉、榨油等轻工业为主，以大连、哈尔滨为中心。此后，辽宁南部以矿冶工业为主体的重工业急剧膨胀。

广大西部地区，仅有些许采矿工业，长期以来工业没有发展起来，在抗战时期，西南少数地区特别是重庆地区的工业有所发展，但四五年之后就开始停滞衰落。抗日战争结束后，官僚资本忙于回沿海争夺胜利果实，把战时建立起来的西部工业一脚踢开；国民政府取消了对西部工业的一切订货，在美国工业品大量倾销下，民族资本工业没有了发展出路，重庆及西部地区工业纷纷倒闭。

第三节 近代中国工业分布极不平衡的特点

首先，近代工业偏集于东北和关内沿海六省。这两个地区土地面积占全国18%，人口占42%，工业产值占全国80%左右。东北是全国重工业最集中的地区，关内沿海六省则是全国轻纺工业最集中的地带。此两大地区以外的广大地区，特别是边远地区，近代工业则很少，大部分是工业上的空白区。其次，在东北和关内沿海地区，工业又偏集于少数省市。东北工业主要在辽宁，而辽宁省的工业产值又有八成左右集中在沈阳、抚顺、本溪、鞍山、大连五市。关内沿海地区的工业主要分布在沪、津、青、穗、无锡等城市，其中又以上海最突出。1949年，上海一市的工业产值即占全国工业总产值25%以上。最后，内地有限的工业也同样是集中在少数点上，如湖北的武汉，山西的太原，四川的重庆。占全国土地面积三分之一的大西北，1949年，其工业产值只占全国的2%，始终没有形成一个真正的工业基点。全西北工业最集中的两个城市——西安和兰州，其工业也相对差距较大。如1949年，兰州市工业产值只占全国工业总产值的万分之三点四。

工业地区分布的不平衡，不但表现在各地区之间工业发展水平上有很大的差距，而且在发展过程中，往往是一些省市工业的发展伴随着另一些省市工业的停滞和衰落。从百年来各省市工业发展的趋势看，大体有以下几种类型：

第一，少数省市虽然在发展过程中，也是时起时落，如上海、天津、江苏、河北等省市。这是百年来少数在工业上保持重要地位的省市。还有近代工业出现较早，但长期以来停滞不前，来不及形成一定的工业基础就衰落下去了。如浙江的宁波，福建的厦门、福州、马尾，山东的烟台，安徽的安庆等，都是这类典型。早在1845年，宁波就出现了第一家近代化工厂，1858—1872年，厦门、安庆、福州、烟台都先后设立了第一家近代化工厂。但到1913年，在60多年中，这些点上只分别相继建了十多个工厂，而且主要是小型轻工业工厂。从此到1949年又经过了36年，这些点中没有一个形成像样的工业点，甚至连原先建立的一些工厂也很少保存下来。此外，东南地区的浙、闽、粤、鄂四省，在中国近代工发展的初期曾在全国工业中占有相当重要的地位，但随着工业的向北移动，到1937年，福建工业已微不足道，浙、粤、鄂三省经过八年战争，也都衰落下来。还有一部分城市后来居上，如青岛、大连、鞍山、本溪等，近代工业出现都比较晚。青岛第一家近代化工厂出现于1902年，大连是1906年，但到抗日战争前夕，青岛工业仅次于上海，大连也成为全国一个很重要的工业中心。而青岛一兴起，烟台显著衰落下去；大连一兴起，营口工业显著衰落下去。

第二，工业生产与原料地严重脱节，工业分布与资源分布不相适应。这又有以下几种典型：

上海是全国制造工业最集中的城市，但附近既无煤，又无铁，更无石油，甚至所在的江苏省及毗邻江苏的浙江，这些资源也是贫乏的。江苏本是全国重要的农业区之一，农业原料比较丰富，但和上海畸形集中的加工工业相比，供应上海仍多感不足。和上海不同，有一批单一的矿业中心，则是单纯的原料供给地，本身没有或很少有必要的加工工业，或者只有少量的粗加工工业，以矿石或半成品形态廉价向外输出，在国外制成成品再高价售予中国，或者直接喂养了帝国主义的军火工业。冀、晋、鲁的煤矿、铁矿、铝矾土矿、盐场，皖、鄂、海南岛的铁矿，湖南的锑，江西的钨，浙江的萤石产地等都属于这一类。仅1942—1944年，日本帝国主义从华北各煤矿掠走煤近2000万吨。1938—1945年从长芦盐区掠走粗盐7600万担、再制盐425万担，从当涂、大冶、田独等铁矿区掠走铁矿石1670多万吨。1943—1944年从冀、鲁掠走铝矿48万吨。不仅如此，日本侵略者还在"一系列的阴谋下把一批单一的矿业中心变成它的殖民地。上述各矿业中心不只给日本本土提供原料，还为朝鲜、东北提供原料。冀、晋、鲁所产的煤、铁，好的要优先供给日本、朝鲜和东北。鲁、冀的铝矿则全部供给日本和东北的炼铝工业。

东北则兼而有之，有些工业原料不足，依靠输入，如钢铁工业所需的铁矿石，制酸主业所需的硫铁矿，水泥工业所需的黏土、石膏，棉纺织工业所需的棉花，都需要输入。相反，又有许多工业则是大量输出原材料，如纸浆、生铁、铝锌、菱苦土、钼矿等，都是如此。

西南地区的工业又是另一种典型。这里有丰富的自然资源，煤、铁、森林资源、化工资源的储量都不少，有色金属、水力资源、天然气还很丰富，但这些资源远没有得到开发和利用。抗战时期从东部地区移植过来的有限的工业，处在资源丰富的地区，却觉得工业资源不足。如钢产量自给率只有20%，铜30%，锌

2%，煤、焦与化工原料也都不够。棉纺织工业因当地棉花生产减少而衰落，连搬来的二十几万纺锭也维持不了，而当地富有的油料、糖料、蚕丝，又只有少量的榨油厂、糖厂和缫丝厂。

加工工业畸形集中的地区缺乏资源，资源丰富的地区又不能有效开发，或者开发了，又没有相应的加工工业来合理利用，甚至同一地区内工业结构和资源特点也不相适应。这是旧中国工业分布的第二个基本特征。

第三，工业区内工业构成的片面性。东北和上海（还有天津、青岛等）是两个不同的典型。在东北工业构成中，以矿山、军火工业为主体的重工业畸形布局，而民用轻工业却不断衰落。如1937年为100家，到1943年东北生产资料的生产为314家，而生活资料的生产则为81家。其中食品工业更下降到56家。轻工业不但比重相对下降，而且绝对产量也下降，如棉布产量由1937年的553万匹下降到1943年的455万匹，麻袋产量由1124万条下降到738万条，面粉产量由2867万袋下降到1525万袋。1942年，东北工业构成中，重工业与轻工业产值之比为8：2；重工业中的矿山工业占工业总产值的34%，冶金工业占18.2%，本身是军火工业或直接为军火工业服务的机械、化工占24.7%，而纺织、食品两大主要轻工业部门的产值一共只占工业总产值的7.6%；且轻工业中的主要部分，一是为重工业服务的，一是为日本国内提供半成品或是供日本出口世界市场的，剩下来直接供应东北人民消费的日用轻工业品就更有限了。1943年，东北主要日用轻工业品的自给率，纸张为76%，糖、棉布为70%。这种工业构成具有极其明显的军事工业基地和矿物原料供应地的性质。

上海工业的构成则是另一个极端，轻纺工业片面发展，重工业很落后。1949年，上海工业产值中，纺织占62.4%，轻工占24%，而重工业只占13.6%。这种工业构成是帝国主义者掠夺中国廉价农业原料、榨取廉价劳动力、垄断中国化工市场、为本国机器设备和某些原料开拓市场四者相结合的产物，也是旧中国民族资本经济上脆弱性的反映。

不论是东北或上海，各工业部门之间或同一部门内部各生产环节之间多是长短不齐，互不配合，工业的综合性极差。在东北区内钢铁工业中，生铁能力大，而矿石、炼钢、轧钢能力均不足，调出生铁，调进矿石；由于机械工业的相对薄弱，消化不了钢与钢材，钢与钢材时有大量输出，而机床、蒸汽机90%以上要进口；在盐碱工业中盐与纯碱有余，而烧碱、盐酸不足；棉纺织业整个说来是工业中的薄弱环节，而内部又是纺纱和织布能力不相适应，有限的织布机不能充分开动。

在上海，钢铁工业落后于机械工业，全市所有炼钢设备加起来，生产能力不过一万多吨。而钢铁工业中又只有炼钢和轧钢，完全不能炼铁和炼焦；在粮食加工工业中，面粉生产能力过剩，设备经常吃不饱，而碾米工业的生产能力却往往连本市的需要也不能满足；棉纺织是整个工业中的最长线，但纺、织、印染三者之间的生产能力不平衡；造纸工业中，造纸能力很大，但全市没有一家纸浆工厂；几十家毛纺织厂大部分是单纺、单织或单染，互不配套。

工业区内部重、轻工业比例失调，各部门、各生产环节严重脱节，这是旧中国工业分布上的第三个基本特征。

第四，工业基地的落后性与脆弱性。表现在工业落后于商业，消费性强；工厂技术装备差；备利用率低；企业寿命不长。

第五，工业中心与广大农村的尖锐对立。少数工业中心本身具有浓厚的殖民地性，帝国主义者以这些工业城市为据点，勾结官僚买办和封建势力，从城市深入农村和穷乡僻壤进行掠夺，摧毁了广大地区的手工业，掠夺了无数农产品，榨取了更多的劳动力，变农村为城市的附庸。少数大城市的恶性膨胀，建立在对广大农村残酷掠夺的基础之上。但城市工业根本没有给农业带来先进的技术装备，没有改变农村几千年来落后的生产方式。在旧中国，不管是以轻工业还是以重工业为主的城市，直接为农业提供生产资料的工业都十分薄弱。沪、津、辽是旧中国机械工业集中的地点，厂数不少，但不是偏于军火生产就是偏重于修配。百年来，全国没有一个工业中心建立起一家拖拉机厂，甚至连一般的排灌机械、新式农具也没有一家像样的专业工厂来生产；化肥工业稍具规模的，全国只有南京、大连二厂，全国化肥最高年产量才22.7万吨，品种只有硫氨一种；全国农村只修了57处小水电站，总装机容量不超过5000多千瓦。即使是工业水平较高的地区，农业的技术装备也很差。全国机电灌溉事业最发达的江苏省，1949年全省机电设备总共才6万多马力，灌溉面积才227万亩。东北是全国化肥产量最多的地区，但1941年全区化肥消耗量不过4.6万吨，按当时耕地面积计算，平均每亩施用化肥才0.033公斤。

从地区差距历史的分析可见：①我国各地区经济的发展水平，并不是总保持一贯优势或劣势。并且在任一时期，都存在地区间的经济水平差距现象，由此，单一的消除我国地区间经济水平的绝对数值上的差异是做不到的,更快地促进落后地区的经济发展是减少差距的核心。②我国现在地区间的经济水平和人均收入水平的差距有深刻的历史和自然原始条件因素。③分析历史自然因素的关键是分析它们通过什么样的机制使地区间出现了如此的差距,这样的机制现在是否还存在,能否规避。

第四章 1949—1978年期间中国区域经济平衡发展的历程

1949年新中国的成立，从根本上改变了旧有的生产关系，为合理部署区域生产力提供了前提与基础。

第一节 生产力平衡布局理念的提出

为了改变旧中国留下的地区经济极不均衡的问题，党和政府认真分析了当时的国内政治、经济、军事形势，从我国生产力分布极不平衡的国情出发，提出了以内地为重点的发展战略，并自"一五"时期起，采用强有力措施，向内地倾斜投资。据统计，"一五"时期，沿海与内地投资比例为46.7∶53.3；900多个工业建设项目中的63.5%安排在了内地，建设了华北、西北、华中等一批新工业基地；新建铁路的80%分布在京广线以西地区。这些为从根本上改变沿海与内地工业分布极端不平衡，加强内地与沿海地区联系奠定了基础。20世纪60年代中后期，在强调备战的背景下，采取了加速建设"三线"后方战略基地为中心的经济发展战略。"三线"建设一方面是进行投资新建，另一方面是向内地搬迁沿海企业并在此基础上进行补充、扩建。通过此建设，基本建成了战略后方的国防工业生产与科研基地，工业布局日趋合理；同时，在中西部地区建成了近千个大中型企业、科研院所、高等学校，推动了中西部地区技术水平、经济水平的提高。

新中国建立后，面临着许多严重的困难和紧迫的问题，党和政府着重完成民主革命的遗留任务，恢复和发展国民经济，维护国家主权和安全并加强党的自身建设，为全面向社会主义过渡奠定了基础。1956年年底，社会主义制度在我国初步确立，我国进入社会主义初级阶段。如何在中国这样一个经济文化比较落后的东方大国建设和巩固社会主义，是党面临的一项崭新课题。新中国成立初期，我国主要学习苏联建设社会主义各项事业的经验，在当时的政治历史状况下有必要性也取得了一定的成效。但在建设实践中的各种经验教育也深刻表明，照抄照搬苏联模式不符合中国国情，需要积极探索适合中国特点的社会主义建设道路。

我国全部轻工业和重工业，约百分之七十在沿海，只有百分之三十在内地。这是历史上形成的一种不合理的状况。沿海的工业基地必须充分利用，但是，为了平衡工业发展的布局，内地工业必须大力发展。在两地工业发展关系上，即使提出了用十年甚至更长一点的和平时期利用沿海地区发展工业的效率大力促进其工业的投入，也是以平衡为最终目标的，好好利用和发展沿海的工业基础，可以使我们更有力量来发展和支持内地工业。如果采取消极态度，就会妨碍内地工业的迅速发展。在此基础上，形成了对社会主义工业布局合理化主要标志的思考。认为工业分布的性质、特点及其发展趋势主要决定于社会生产方式。以前中国工业的地区分布是在半封建半殖民地的社会条件下自发形成的，从总体看是极不平衡不合理的。社会主义制度的建立，从根本上改变了我国工业布局的社会条件，使我们有可能有计划按比例发展工业，并在工业发展过程中逐步消除旧中国工业分布的缺陷，建立新的社会主义工业分布，这也是社会主义建设过程中需要解决的重大课题之一。社会主义工业布局合理化的标志是什么？一种意见认为，社会主义工业布局合理化的主要标志是工业在全国范围内的均衡分布；另一种意见认为，主要标志是促进工业的高速度发展；还有一种意见认为，主要标志是有利于巩固国防和促进三大差别的消灭。可以归纳为以下几个方面：首先，大工业尽可能均衡地分布于全国，充分有效地利用全国各地区的工业资源和劳动力资源，保证工业本身的高速度发展并保持或发展工业的各种生产要素。同时更好地发挥工业的主导作用，促进全国各地区国民经济的普遍提升。其次，在全国统一计划的指导下，利用各地区工业发展条件的差异性，发挥地方的特点、主动精神，在发展各地区工业的基础上，在全国范围内建立新的合理的地域分工与区际联系，并加强区域内各部门、各企业之间的协作配合，建立最佳的地区经济结构，消除和减少原料、半成品、成品的不合理运输，以提高劳动生产率，降低生产成本，加快社会主义扩大再生产的速度。同时，工业要向纵深发展，加强战略后方的建设并促进各地区的工农结合、城乡结合及各民族之间的团结。总之，工业布局要兼顾经济、政治、国防三方面的要求，使局部利益和全局利益、近期利益和远景利益有机地结合起来。

第二节　工业平衡布局经济效果评价指标

工业生产是一个庞大复杂的生产体系，包括许多部门、行业、企业。不同的部门、行业、企业各有特点，在布局上各有其特殊要求。我国幅员广阔，各地区的自然、经济、技术等条件千差万别，同一个项目或一对比项目，摆在不同的地区、地点，其经济效果也不一样。因此，在选择工业分布地区、地点时要进行经济论证，选择最优方案。评价工业布局的经济效果，一般采用下列指标：

单位生产能力投资（简称投资）和单位产品成本或经营费用（简称成本或经营费用）。前者近似地反映劳动占用情况，后者近似地反映生产中的劳动消耗情况。同样一个（或一组）建设项目，摆在两个不同的地点，如果甲方案比乙方案投资较省、成本也较低，即社会总劳动消耗量较小，那么甲方案是比较理想的；反之，乙方案则是比较合适的。在实际生活中常常遇到另外一种情况，即投资和成本的大小不一致，如甲方案在投资方面比乙方案大，而在经营费用上比乙方案小，这就需要将附加的投资和节约的经营费用加以对比，求出相对效果系数。其公式是：

相对效果系数=（乙方案的经营费用－甲方案的经营费用）/（甲方案的投资－乙方案的投资）

相对效果系数的倒数是附加投资的回收期，反映甲方案比乙方案在投资方面多支出的那部分费用，需要经过多少时间才能从经营费用的节约中补偿回来。如果相对效果系数较大，说明相对经济效果较好。一般来说，在上述情况下，往往是甲方案比乙方案有利，因为乙方案一次性投资时节省，终将在一段时间之后为经常性经营费用的补加消耗所抵消；而甲方案附加的投资，终将在一段时间之后从经营费用的节约中补偿回来，这从长远的生产来看是经济的。只有当甲方案附加投资的回收期比规定的回收期标准长时，乙方案才是有利的。当比较方案较多时，为了方便，可利用上述计算公式推导出折算费用，折算费用[折算费用=产品成本（或经营费用）+相对效果定额系数×基建投资]最低的，就是最有利的。

还可以考虑投资效果系数，投资效果系数=（项目投产后的积累额/基建投资额）。这个指标反映同一企业摆在不同地区建成投产后，投资与积累之间有不同的比值。按此公式计算，1949—1978年，我国沿海地区部署重点钢铁企业的投资效果系数平均为4.08，内地重点钢铁企业的投资效果系数平均为0.34。这个指标综合地反映了沿海钢铁工业的经济效果比内地的好。

从基建、生产两个方面反映工业布局的经济效果，还不能反映产品在运输上的经济损益，工业布局还需要考虑最终产品的运输费用。有时，一个项目摆在甲地有许多单项指标都比较有利，如建设工期短，造价低，成本少，投资回收快；而摆在乙地这些指标就较差。但摆在甲地远离消费区，最终产品的运距长，运费高；摆在乙地则接近消费区，最终产品的运距短，运费低。这时就需要把运费指标同其他指标联系起来对比分析，即分析摆在甲地的基建投资、直接生产费用等方面的节约，同摆在乙地由于接近消费区在最终产品运费上的节约，哪一方较大。如果前者大于后者，摆在甲地比较有利，反之，摆在乙地则比较合适。

评价布局的经济效果，要考虑时间因素。由于建设地区的地形、地质等条件不同，建设同样项目的工程量大小不同，建设工期的长短也就不一样，因而不同的布局方案有不同的经济效果。由于工期缩短，使固定资产和生产能力提早投产，其获得的经济效果可以等于提前投产的固定资产价值×投资效果定额系数×（建设的额定工期—实际工期）。

有时有的布局方案工期较短，投产较快，近期经济效果显著，但服务年限较短，发展潜力小，愈往后效果愈差；而另一方案工期虽较长，近期还不能很快发挥经济效益或效果较差，但服务年限长，发展潜力大，愈往后效果愈好。这两个方案对比，从长远看，采用后一方案可能比前一方案更为有利。

上述指标是偏重某一方面的经济建设效果，综合起来看就会发现，比较各布局方案的经济效果时，应考虑社会全部消耗费用，而不只是从个别部门、个别环节、个别部分的消耗费用出发。如比较火电站与水电站建设方案的消耗费用时，前者要把相应的煤矿建设、开发煤炭引起的运输线的新建或扩建的投资也考虑在内，后者要把淹没损失与由此引起的一系列影响考虑进去。在比较不同煤矿建设方案的消耗费用时，不能只考虑煤炭在生产方面所消耗的费用，同时要把煤炭从产地运送到消费地所消耗的费用也考虑在内。又如，从个别企业来考虑，建在大城市，利用现有的水、电、路，投资较省；但从整个城市来看，增建项目时国家需要相应地增加一系列城市建设的费用，这种费用往往比在中小城镇或卫星镇大，总算起来，摆在大城市的消耗费用可能比摆在中小城镇要多，等等。这里都涉及一个相关投资或相关劳动消耗的计算问题。这个问题很复杂，因为全社会的行业有成千上万种，它们之间的关系很复杂，所以由于连锁反应引起的相关投资或相关劳动消耗是无穷尽的。考虑的范围愈广，涉及的因素愈多，准确性就愈差，实际工作中往往难以全部考虑。对此，有的观点主张把所有相关部门分为许多级，如一级、二级、三级等相关部门，只考虑属于第一级相关部门的投资或劳动消耗就可以了。有的则主张运用经济数学方法计算出各种产品的完全消耗系数，推算相关投资以至相关效益。如以钢对电力的消耗为例，在炼钢过程中所消耗的电力，这是钢对电力的直接消耗。在炼钢过程还消耗生铁、焦炭、耐火材料等，在它们的生产过程中也要消耗电力，这是钢对电力的第一次直接消耗。但在生铁的生产过程中还消耗铁矿石、焦炭、石灰石等，它们的生产过程中又消耗电力，这是钢对电力的第二次间接消耗。最后，计算出在我国钢对电力的完全消耗系数等于钢对电力的直接消耗系数的3.5倍。有了这两个消耗系数，全部的相关投资就可以推算出来。

经济效果有各种算法，有单项的，也有综合的；有企业的、部门的，也有社会的；有近期的，也有远期的。评价工业布局的经济效果，首先要看综合的、社会的、长远的经济效果，即通常所说的算大账。社会主义经济是一个整体，社会主义工业布局是一个具有全面性质和长远性质的问题，需要胸有全局。这正是社会主义经济效果区别于资本主义经济效果的主要之处。在资本主义条件下，利润率的大小是资本家评价其企业布置经济效果的准则，为了自己获得最大限度的利润，只重视个别的、局部的、目前的或近期的经济效果，很少考虑或根本不顾社会和长远的经济效果。在社会主义条件下，不仅重视单项的、个别的、近期的经济效果，同时更重视综合的、社会的和长远的经济效果，把这两方面尽可能有机地结合起来，获得总体最优布局方案。当然，这两方面也需要根据不同情况确定合理的经济界限。在这个经济界限内，从小账看不合理，但从大账看是合理的，因而也是可行的。超过这个经济界限，小账、大账都不合理。工业布局的效果，不仅有经济意义，还有政治、国防的意义。因此，在评价工业布局效果时，既要算经济账，也应考虑工业布局的政治要求、国防要求，特别是工业的总体布局，更要把这一方面放在恰当的地位。在社会主义条件下，工业布局的经济效果和政治上、国防上的要求是矛盾的统一。从根本上说，这两方面是互相促进，但又互相制约的。一般说来矛盾的主要方面是经济效果，但政治上、国防上的要求也不能忽视。工业布局的任务，就是要全面权衡轻重得失，把经济原则和政治上、国防上的要求最大限度地统一起来。在经济效果方面又要尽可能把近期和远景、局部和整体最大限度地统一起来。当然，为了满足同样的政治与国防要求，也有多种途径与方案，这里也有一个经济效果的比较、选择问题。通过比较，也有可能选择出可以兼顾经济政治国防的最佳方案。这正是社会主义工业布局的基本特点，也是社会主义工业布局最主要的优越性。

第三节 工业平衡布局的主要原则

新中国成立前，工业地区分布极不平衡，先进地区与落后地区的对立，"繁荣区"与"萧条区"的同时并存，是资本主义社会工业分布的普遍现象之一。因此，新中国成立后，正确处理先进地区与落后地区的关系，逐步消除历史遗留下来的工业分布的不平衡现象，是社会主义国家工业布局中都要遇到的一个重要问题。旧中国的工业分布具有这个特点，其具体表现形式就是近代工业偏集于沿海地区。在这些地区内形成若干孤岛式的工业点、交通枢纽和近代式的工商业都市，而广大内地工业都很少，还停滞在极其落后的农（牧）业和手工业生产上。"微弱的资本主义经济和严重的半封建经济同时存在，近代式的若干工商业都市和停滞着的广大农村同时存在，几百万产业工人和几万万旧制度统治下的农民和手工业工人同时存在，若干的铁路航路汽车路和普遍的独轮车路、只能用脚走的路和用脚还不好走的路同时存在。"旧中国经济发展的这种不平衡性，集中地表现为沿海少数省市与广大内地和边疆地区工业发展的不平衡。改变这种不平衡的状况有两种办法：一是限制沿海工业的发展，把力量全部放在内地，用先进地区迁就落后地区，使内地和沿海拉平；另一种是把充分利用、合理发展沿海原有工业基地和积极建设内地新工业基地相结合，并把工业重点逐步、合理地移向内地。这就是一方面继续发展沿海工业，更上一层楼，使沿海原有工业城市成为全国工业向内地推进的前进基地，同时用更大的力量、更快的速度发展内地工业，在二者互相支援、共同前进的过程中达到沿海与内地普遍繁荣的目的。

积极建设内地，把工业重点合理地移向内地的原因是：我国原有工业既然是偏集在沿海地区，内地工业极少，如果不在一定时期内用更快的速度建设内地，使内地迎头赶上，那么新中国成立前中国工业分布极不平衡的状况就不可能从根本上得到改善。

我国内地拥有工业建设的许多有利因素。这里拥有全国54%的人口，在提供工业劳动力和吸收工业品方面具有较大的潜力。内地地大物博，土地面积占全国

85%，拥有全国石油、天然气、煤炭、水力资源的61~93%，富铁矿、铝土矿、钒、钛探明储量的56~95%，磷矿、木材蓄积量的90%以上，宜农荒地、宜林荒山荒地、草原面积的73~98%，棉花、茶叶、油菜籽、芝麻、烤烟、绵羊毛、甜菜产量的50~87%。即内地提供的矿产资源、农业原料和农业发展潜力都比沿海地区大，有可能支持一个更大的工业建设规模。在地理位置上，内地（除边疆地带）是全国的大后方，从战略观点来看，内地工业比沿海工业有更好的防御条件。此外，内地还是我国少数民族主要的聚居区。因此，建设内地有利于充分利用广大地区丰富多样的工业资源、劳动力资源，有利于战略后方的建设，巩固我国边防，有利于繁荣少数民族地区的经济，消除少数民族事实上的不平等，进一步加强各民族之间的团结。这些正是合理分布工业的重要要求。

逐步发展内地工业既可为沿海工业提供多种必需的原料、燃料和成品，同时可以自给或提高内地一般性工业品的自给率，又可使沿海工业发挥它的长处，向高、精、尖、新进军，这有利于沿海工业的进一步发展。

同时充分利用、合理发展沿海工业的原因是：沿海城市的工业、市政设施、交通运输都有些基础，技术力量比较雄厚，工种相对齐全，协作条件较好，资源情况比较清楚，充分利用这些有利条件就可以找到投资少、积累大、见效快的好处。

沿海地区集中了全国现代工业的主要部分，它的发展速度直接影响到全国工业的发展速度。利用与加强沿海原有工业就可以使我们赢得时间，增加全国工业实力，从而也有利于国防能力的提高。

沿海地区由于熟练工人多，技术水平较高，可以较快地掌握高、精、尖、新产品的生产，起到全国工业试验室的作用。

加强沿海工业可以向内地提供大量的重要设备、原材料、资金、技术人才、各种设计图纸以及建设和管理现代工业的系统经验。所谓充分利用，就是要用足够的力量最大限度地利用沿海工业的这些有利条件，利用原有的工业基础为新工业基地的建设、为全国工业的快速发展创造一个必要的条件。但是，我国沿海原有工业基地是建国前长期在帝国主义侵略下适应帝国主义的需要自发形成的，当我们接收过来时不可避免地带有许多先天的缺陷，如有的脱离原料地、消费区，工业内部构成不合理，各生产环节长短不齐，设备简陋陈旧，工艺落后，劳动生产率低等，这些因素限制着已有企业生产潜力的发挥。所谓合理发展，就是要在原有工业的基础上针对其先天缺陷进行改造，充分发挥原有工业的潜力，真正担负起老基地的任务。

从以上分析可看出，建设内地与建设沿海是互相支援、互相促进的。建设内地是为了改变中国工业分布偏集沿海的状况，而发展沿海又是为建设内地创造条件，二者在根本利益上是一致的。但在一定时期内总的建设规模不变，既要建设内地，又要继续发展沿海，在建设力量的分配上难免有些具体矛盾。因此，更要求正确处理二者的关系。一有失算，畸轻畸重，就会造成被动。例如沿海老基地建得多了势必会削弱内地的工业建设，这样虽然在一定时期内可以争取速度，但沿海工业越来越多，越滚越大，而内地工业还很落后，就会使地区比例失调的现象加重，造成布局上更长期、更大的不合理。如果内地工业跟不上发展速度，仅依靠沿海少数老基地，全国工业总的持久速度也难以保证。反过来，如果内地工业建得多了，而放松了沿海老基地的改造与加强，又会使大量的建设资金长期积压在短期内不能见效的建设项目上，使全国工业生产长期处于青黄不接的状态，而且沿海老基地的先天缺陷得不到克服，甚至原有企业的固定资产的磨损得不到补偿，这样既会延缓全国工业的当前速度，又使内地新基地的建设由于缺乏老基地的大力支援而难以前进，最终对合理布局不利。因此，在安排工业总体布局时，必须对这两个方面进行全面的规划，使之合理结合，不能片面强调一方面而忽视另一方面。但在不同时期、不同条件下，可以有所侧重。从整个发展过程来看，应当是依托老基地——开辟新基地——再巩固提高已有基地（包括老基地和上一时期新建的基地）——再开辟新基地，如此辩证发展，使已有基地不断巩固提高，新基地有计划有步骤地铺开，从而取二者之长，补二者之短，变互相牵扯为互相促进。

1952—1978年，全国基建总投资的地区分配，大体上体现了这个原则。国家用于沿海地区的投资占全国总投资的40.3%，内地占54.3%。我国内地与沿海投资之比是1:0.74，但各个时期差别较大。

"一五"期间，全国工业建设地区分布的主要部署是重点建设以鞍钢为中心的东北重工业基地，利用改造加强上海及其他沿海城市的原有工业；积极在华北、中南内地建设以包钢、武钢为中心的一批新工业基地；在西北、西南开始部分的工业建设，五年中全国基建投资的地区分配是：沿海占41.8%，内地占47.8%，内地基建投资占全国的比重已超过沿海。

"二五"期间，按照原来的部署是继续加强东北工业基地，充分利用、适当加强华北、华东、中南沿海城市的工业；在内地除继续进行包钢、武钢等新基地的建设以外，同时积极进行西南、西北和三门峡周围地区以钢铁、有色和大型水电站为中心的新基地的建设，继续建设新疆地区的石油、有色金属工业，加强西藏地区的地质工作，为发展西藏工业准备条件。在执行过程中，前三年工业建设的总规模急剧扩大，沿海和内地工业点广泛铺开，但重点还在内地。五年中内地与沿海投资之比，由"一五"的1:0.87提高到1:0.79。

"三五"期间，以西南为重点，开展三线建设，新修西南几大干线，新建以攀钢为中心的新工业基地和其他一批新基地，并在西北重点建设黄河干流上的几大水电站和一批有色金属基地。这五年内地投资猛增，等于沿海地区的2.16倍。内地与沿海投资之比高达1:0.46。

"四五"期间，以豫西、鄂西、湘西为重点，继续进行三线建设，同时在沿海地区的京、津、泸、鲁、苏等省市开发新油田，新建了一批大型石油化工联合企业，扩建了沿海主要港口。这五年内地投资占全国比重稍有下降，内地与沿海投资之比为1:0.74。

当时我国内地在工业建设上有一些有利条件，同时也存在若干不利因素，即内地工业基础很差，可利用的工业基础很少，工业建设往往是平地起高楼，一切都得从头开始，有些适于开辟新工业基地的地区、地点地广人稀，劳动力不足，技术力量尤其缺乏；而且交通闭塞，运输不便；有的地区山高谷深，地形复杂，有的干燥少雨，水源奇缺，工业用地、用水困难；自然资源的远景储量虽大，但由于过去地质勘探工作做得太少，地质情况一时难以弄清，现存可供设计的工业储量不多等。同样规模的企业，在内地建设起来往往需要花更长的时间和更多的投资。加上内地幅员广阔，各地建设条件和建设的意义也不一样，因此，在内地建设工业基地的过程中需要考虑若干问题。

首先，抓住重点，逐步铺开。也就是要根据国家的总体部署，在内地选择条件更好的一些省市自治区，有重点地开始新工业基地的建设，一些条件还不具备的则要积极创造条件，为以后大建设做一系列必要的准备。不能不顾现实条件，不讲经济效果，把工业基地的建设一下子在内地全面铺开，齐头并进。内地建设重点的选择一般要具备下列具体条件：经过比较详细的勘探，对地区内的资源情况了解得比较清楚，已证明有较大的开发价值；距离原有工业基地较近，在取得老基地的支援上比较方便；过去有点工业基础，或虽无工业基础但有一定的城市公用事业可资利用；在历史上或在今后是地区性的政治、经济中心，同周围地区有一定的联系，通过工业建设既可改造这些城市又可使之成为开发周围地区的据点；地区农业有一定的基础或具有开辟新农业基地的可能性，不至于长期千里运粮草来维持新工业基地。

其次，在每个新基地的建设过程中尽可能分期建设，集中力量，重点突破，建完一批再建一批，使新建企业能较快地投入生产，发挥作用。在一个新基地基本建成后，要经过一定时期的巩固、提高，使之健全起来，让它成为能够支援开辟其他新工业点的前进基地。

最后，将工业建设与其他方面的建设协调起来，而不是孤立地搞工业建设。即配合新工业基地的建设，修建与加强必要的运输干线；进行必要的城市建设；开辟与加强农业基地；动员组织地方力量，围绕中央大型企业建设一些中小型协作配合厂；有计划地调配必要的技术力量，并安排技术力量的培训。

沿海地区情况与内地有些不同，沿海工业及与工业有关的经济技术条件较好，具有较大的生产潜力。

总体来说，沿海工业应以改建扩建为主，新建为辅，不宜过多地布置新的企业。改建扩建的企业也需要尽量利用原有基础，着重围绕以下几方面进行一些基本建设：即为了加强薄弱环节、更新设备、维修厂房、改进工艺，以提高生产设备利用率；为了提高质量，增加品种；为了治理"三废"，综合利用资源，防止"面多加水、水多加面"越滚越大的现象。

沿海工业原料燃料动力基地一般比较薄弱。因此，原料动力基地的建设放在了重要地位，以免增加原料动力的压力。

在生产方向上，利用沿海地区技术水平较高、协作方便的有利条件把产品的质量升级和品种换代放在了首要地位，扎扎实实做好技术基础工作。侧重于生产高、精、尖、新的产品和适销对路产品，一般性的产品不做过多的发展。

经过三十多年的建设，沿海和内地均发生了重大变化。我国的工业基地不再只是分布在沿海地区，而是在内地也形成了一批大中工业基地。其后的主要问题是怎样进一步发挥沿海老基地和内地新基地的作用。沿海老基地经过多年的改造，生产能力、技术水平、内部结构都有所提高和改进，但由于老厂多，老设备多，厂房的维修，设备的更新，工艺的改革，原料、燃料动力基地的加强，运输能力的扩大是急待进一步解决的大问题。解决这些问题，有利于以较少的投资、较短的时间掌握先进的技术，突破技术难关，增加产品品种，提高质量，建立更合理的工业结构。内地新基地的主要问题是把已经铺开的重大项目做好，使之填平补齐，尽快增加综合生产能力，真正发挥了基地的作用。在国民经济调整时期，必要的新建项目，特别是引进项目，除矿山、水电等工程以外，一般都尽量依托这些已有阵地。这些新老基地的巩固、提高有利于今后稳扎稳打地开辟新基地，有利于工业向内地推进。在重点巩固提高已有阵地的同时，在内地还继续投放了一定的地质勘探力量，以弄清资源情况；新建和改造某些铁路干线，进一步改善内地运输条件；同时实施重点矿山、电站和轻工项目。

新中国成立后近三十年的建设，深入贯彻了区域均衡发展的战略，将工业投资重点放在相对落后的中西部地区，一是初步在全国建成了比较完整的国民经济与工业体系；二是缩小了内地与东部沿海地区的人均收入差距。

第五章 改革开放以来区域经济发展演变的历程

中国共产党领导中国人民实现了从站起来、富起来到强起来的历史飞跃，尤其是改革开放以来中国取得了举世瞩目的发展成就，昂首迈入了新时代。在新中国70年的发展历程中，我国区域经济发展也经历了由低水平的区域均衡发展到区域非均衡协调发展，再到强调区域协调发展的转变，区域发展政策日益完善，区域发展格局不断优化。

第一节 区域非均衡到协调发展战略提出与实施

改革开放后我国区域经济发展的指导思想发生了历史性的转折，提出了东部沿海优先发展的区域非均衡协调发展战略。由此，我国区域经济发展的指导思想由均衡发展向非均衡发展转变，区域发展战略的重点也相应地由向内地倾斜转变为优先发展东部沿海地区，通过东部沿海地区优先发展形成辐射示范作用，从而带动中西部地区经济共同发展。在区域非均衡发展战略的指导下，1979年中央决定设立深圳、珠海、汕头、厦门经济特区，率先推动东部沿海地区开放。在此基础上，沿海地区的对外开放区域不断扩展延伸。1984年，14个沿海港口城市和海南岛分别被确定为开放城市和开放地区，使我国沿海地区的对外开放扩大为南北全线的战略布局；1985年，珠江三角洲地区、长江三角洲地区和闽南三角洲地区被确定为经济开放区，随后又扩大到山东半岛和辽东半岛，从而形成了一个沿海开放地带。1986年通过的"七五"计划首次明确提出我国区域经济发展三大地带的划分，并界定了东、中、西部三大地带的范围，着重突出东部沿海地区的优先发展地位，将国家投资的重点集中于东部沿海地区。

为了顺应区域发展战略的调整，从20世纪80年代初起，国家重点项目投资向东部沿海地区大幅倾斜。根据统计资料显示，1982年至1989年，东部、中部、西部三大地带累计投资分别为1214.1亿元、712.2亿元和285.8亿元，分别占累计总投资的48.8%、28.6%和11.5%（不包括未列入地区的投资）。其中，东部、中部、西部三大地带重点项目投资比例为1:0.59:0.24。东部地区投资额比中西部总投资还高，尤其是东西部之间的投资差距巨大。改革开放后10多年，非均衡发展的区域战略造就了东部沿海地区经济核心区和增长极，不仅使东部沿海地区成为我国国民经济整体高速增长的支撑点和强大的"经济引擎"，而且也形成了先发展起来的地区带动整个国民经济快速增长的局面，先富带动后富的效应明显。这可以从改革开放前后各区域经济增长速度的对比反映出来，1952—1978年东部、中部、西部三大地带的人均国民收入年均增长率分别仅为4.63%、2.92%、3.53%，而1978—1992年，东部地区人均国民收入年均增长率快速提升至8.28%，中部地区和西部地区也分别达到6.73%和7.10%。

进入20世纪90年代，随着改革开放的不断推进，东部沿海地区受益于区域非均衡发展战略，取得了较快发展，也在一定程度上带动了中西部地区的发展，区域发展差距较改革开放前有所缩小，但区域发展不平衡问题还是比较突出。从"八五"计划开始，促进区域经济协调发展被提到国家战略高度，直到党的十九大提出"实施区域协调发展战略"，促进区域协调发展成为我国区域发展的基本方向。具体来看，区域协调发展战略经历了几个发展阶段。

1991年3月，《关于国民经济和社会发展十年规划和第八个五年计划纲要的报告》，首次提出要"促进地区经济的合理分工和协调发展"，并指出"生产力的合理布局和地区经济的协调发展，是中国经济建设和社会发展中的一个极为重要的问题"。这是首次在正式报告中提出区域协调发展的战略思想，标志着促进区域协调发展被提上国家议事日程。1992年10月，党的十四大报告提出"充分发挥各地优势，加快地区经济发展，促进全国经济布局合理化"的指导思想，并强调"应当在国家统一规划指导下，按照因地制宜、合理分工、各展所长、优势互补、共同发展的原则，促进地区经济合理布局和健康发展"，对于促进区域协调发展具有重要的指导意义。随着区域战略部署的调整，我国在继续推动东部地区发展的同时，也开始大力实施西部大开发战略、东北老工业基地振兴等战略，着力解决落后地区的发展问题，以促进区域协调发展。1999年11月，中央经济工作会议部署实施西部地区大开发战略，并于2000年1月成立了西部地区开发领导小组，推动西部大开发战略实施。党的十六大报告进一步明确提出要"积极推进西部大开发，促进区域经济协调发展"，并提出"中部地区要加大结构调整力度""东部地区要加快产业结构升级""东北地区等老工业基地加快调整和改造"等有利于区域协调发展的若干思路。2003年10月，中共中央、国务院发布《关于实施东北地区等老工业基地振兴战略的若干意见》，东北老工业基地振兴战略正式实施。从区域发展的相关战略规划来看，这一阶段的区域协调发展战略主要针对问题较为突出的西部地区和东北地区，并没有兼顾到中国所有地区，还未能真正对中国区域发展问题进行统筹协调，且西部大开发战略和东北老工业基地振兴战略的政策效应还未显现，东部地区的发展活力进一步释放，因此区域协调发展水平还较低，区域发展差距甚至还有所扩大。

21世纪初开始，随着西部大开发战略的不断推进和东北老工业基地振兴战略的提出，中部地区经济发展滞后问题日益凸显，面临着"不东不西"的尴尬局面。"十一五"规划在"实施区域发展总体战略"中提出要"坚持实施推进西部大开发，振兴东北地区等老工业基地，促进中部地区崛起，鼓励东部地区率先发展的区域发展总体战略，健全区域协调互动机制，形成合理的区域发展格局"，同时还统筹考虑未来人口分布、经济布局、国土利用和城镇化格局，将国土空间划分为优化开发、重点开发、限制开发和禁止开发四类主体功能区，突出区域协调发展过程中的生态环境保护，形成我国国土管理模式和区域经济发展理念上的伟大创新，使区域协调发展的战略思想不断完善，进一步深化了对区域发展规律的认识。2007年10月，党的十七大报告再次强调指出"要继续实施区域发展总体战略，深入推进西部大开发，全面振兴东北地区等老工业基地，大力促进中部地区崛起，积极支持东部地区率先发展"，要"按照形成主体功能区的要求，完善区域政策，调整经济布局"，并将生态文明建设与区域发展布局结合起来，推动区域协调发展。由此可见，这一阶段区域协调发展战略包含的内容更加全面、内涵更加丰富，也取得了更加显著的效果，区域发展差距明显缩小，2004年东部地区、东北地区、中部地区、西部地区四大区域的人均GDP比值为1:0.70:0.44:0.37，到2012年，这一比值为1:0.80:0.56:0.54，东北地区、中部地区、西部地区的人均GDP相对东部地区有了明显的增加，区域协调发展水平有所提高。

党的十八大以来，党中央提出"一带一路"建设、京津冀协同发展和长江经济带发展新的三大战略，在区域协调发展方面采取了一系列重大创新性举措，掀开了区域协调发展的崭新篇章。党的十九大报告明确提出要实施区域协调发展战略。2018年11月，中共中央国务院发布《关于建立更加有效的区域协调发展新机制的意见》，区域协调发展向更高水平和更高质量迈进。

第二节 区域经济非均衡到协调发展过程的实证分析

改革开放初期，中央从我国地区间经济发展不平衡的实际出发，采用向沿海发达地区倾斜的政策，主要包括：向东部沿海地区倾向投资；整个20世纪80年代，沿海地区固定资产投资占全国比重都在60%左右。同时利用沿海地区地理位置的优越性，实施率先在这些地区开展对外开放的政策，到1988年底，我国东南沿海形成了经济特区——沿海开放城市及经济技术开发区——沿海开放区的开放格局。此阶段生产力上升很快，各地区都有飞速的经济增长，经济发展成果显著。但区域经济发展的不平衡加剧，东、中、西部地区间的人均收入差距迅速拉大。

进入20世纪90年代，为了防止东中西部地区间的差距过分拉大，国家在推行倾斜性发展战略的同时，也采取了缩小差距的重要举措：提出促进地区经济合理布局、健康协调发展的政策方针；阐述国民经济与地区经济发展的关系；审视区域经济发展中存在的地区差距问题以及提出一系列战略举措并进行了广泛的实践。这一时期，我国的经济增速依然保持强劲，并且经济社会各项建设的成果都很显著，使我国在21世纪初进入了总体小康。但是，与此同时，地区间的经济与人均收入差距扩大的问题依然没有得到彻底解决，差距还在扩大中。

总体而言，改革开放以来的经济建设，正确理解了公平的含义，不一味把平均放在突出位置，而是辩证分析了公平与效率的关系。将效率优先，兼顾公平作为我们发展经济的指导思想。力求通过经济体制的调整，先富带动后富，最终达到共同富裕。这一时期我国的生产力束缚被解除很多。经济水平得到空前增长，科教文卫等社会各项事业也得到飞跃式进步，这些进步有目共睹，无须赘言。但与此同时，我们也看到了这种增长在地区上的不均衡。

见表5.1，东中西部人均GDP水平在改革开放后均有非常大的提升，但增速以及最后的结果在地区分布上并不一致。中部地区的人均GDP在1980年还可以达到东部地区相应量的65%。进入20世纪90年代逐步降到60%以下。进入21世纪后则渐渐降到不足东部地区相应指标的一半。西部地区也是如此，由于增速缓慢，人均GDP与东部地区相比，逐步由占比一半左右下降到现在的40%左右。东部地区与广大中西部地区在经济成果的创造及占有数量上逐渐拉大了差距。

表5.1 人均GDP（元）

年份	1980	1990	2000	2006
东部地区	598	2240	113345	26934.79
中部地区	391	1338	5982	12843.47
西部地区	308	1156	4687	10932.03
中部/东部	65%	60%	52.78%	47.68%
西部/东部	53%	52%	41.35%	40.59%

资料说明：1980、1990年的数据取自王小鲁、樊纲所作《中国地区差距的变动趋势和影响因素》，《经济研究》2004第一期。2000年，2006年数据根据《中国统计年鉴》相关数据计算得到，数据为当年价格。

选取人均收入指标，将城镇与农村分开比较。见表5.2、表5.3，东中西部地区城镇居民与农村居民的人均年收入在11年里均有较大增长。但地区之间人均收入的差距也逐步拉大。城镇居民收入东中西部间差距比从1995年1.42：1.14：1扩大到2006年的1.57：1.01：1，绝对数值上东部地区与中西部地区的差距则从1000多元人民币上升到近6000元。各地区农村人均纯收入也经历了相似的演变趋势。由此，我们可以得到与表5.1一致的认识，即总体增长大，地区之间差距也大。同时，城镇和农村的数据发展趋势基本一致，说明这种地区间的经济发展成果——收入的差距在地区城镇间与地区农村间是同时存在的，用"地区间有收入差距"这样的表述是符合实际情况的。

表5.2 城镇居民年人均可支配收入

年份	东部	中部	西部	东中西比	东中差	东西差
1995	5262.97	4235.34	3709.42	1.42:1.14:1	1027.63	1553.55
2005	14026.94	9282.27	9379.58	1.5:0.99:1	4744.67	4647.36
2006	16380.39	10572.94	10443.01	1.57:1.01:1	5807.45	5937.38

资料说明：数据根据《中国统计年鉴》相关数据计算得到，数据为当年价格。

表5.3 农村居民年人均纯收入

年份	东部	中部	西部	东中西比	东中差	东西差
1995	2427.87	1449.29	1101.72	2.2:1.32:1	978.78	1326.15
2005	5123.4	3029.16	2355.61	2.17:1.29:1	2094.24	2767.79
2006	4970.95	3311.73	2589.2	1.92:1.28:1	1659.22	2381.75

资料说明：数据根据《中国统计年鉴》相关数据计算得到，数据为当年价格。

以上是各地区内省份的平均值。选用极差的统计方法，将具体的省份单拿出来进行比较，见表5.4与5.5，可见到21世纪初，省际城镇的高低收入差比值一直在2倍多，而农村地区省际高低收入差则在4倍多，地区间的差距惊人。

表5.4 城镇省际最高与最低收入

年份	省际最高收入（元）	省际最低收入（元）	收入高低比值
2000	11718.01（上海）	4724.11（山西）	2.48
2001	12883.46（上海）	5264.42（河南）	2.45
2002	13249.80（上海）	6032.40（安徽）	2.20
2003	14867.46（上海）	6530.48（宁夏）	2.2
2004	16682.82（上海）	7217.87（宁夏）	2.31
2005	18645.03（上海）	7990.15（新疆）	2.33
2006	20667.91（上海）	8871.27（新疆）	2.33

资料说明：数据根据《中国统计年鉴》相关数据计算得到，数据为当年价格。

表5.5 农村省际极值比较

年份	省际最高收入	省际最低收入	极值差
2000	5596.37（上海）	1330.81（西藏）	4.21
2001	5870.37（上海）	1404.01（西藏）	4.18
2002	6223.55（上海）	1462.27（西藏）	4.26
2003	6653.92（上海）	1564.66（贵州）	4.25
2004	7066.33（上海）	1721.55（贵州）	4.1
2005	8247.77（上海）	1876.96（贵州）	4.39
2006	9138.65（上海）	1984.62（贵州）	4.6

资料说明：数据根据《中国统计年鉴》相关数据计算得到，数据为当年价格。

由上述的数据分析可以直观地看出，改革开放以后，政策的变化使各地区的经济增速不同，因此产生了经济总量与人均量的地区间差距。这样的差距在短期内有其突出的作用与功绩，但差距的持续扩大影响了地区经济与宏观经济的健康发展，做出政策的调整是必然的选择。

第三节 区域协调发展战略的全面深化与成效

党的十八大以后，区域协调发展战略进一步深化，区域政策不断创新发展，形成了区域经济发展的新格局、新动能、新气象。党的十八大报告将"促进区域协调发展"作为"推进经济结构战略性调整"的重点之一，强调要"继续实施区域发展总体战略，充分发挥各地区比较优势，加大对革命老区、民族地区、边疆地区、贫困地区扶持力度"。党的十八大以来，党中央与时俱进、科学决策，对区域协调发展赋予了新的时代内涵，并采取了一系列重大的创新性举措，不断增强区域发展协同性，积极拓展区域发展新空间，推动中国区域协调发展呈现更加全面、更加包容、更加开放的良好态势。这一阶段，国家在继续实施区域发展总体战略的基础上，明确提出了实施"一带一路"建设、京津冀协同发展、长江经济带发展三大战略和粤港澳大湾区建设等重大举措，构筑起"四大板块+四个支撑带"的区域发展新格局，对我国区域发展格局起到总体优化和战略提升的作用，有助于形成内外兼顾、陆海统筹、南北互动、东中西协调的区域发展新局面。党的十八届五中全会提出创新、协调、绿色、开放、共享的五大发展理念，把协调发展放在中国经济社会发展全局十分重要的位置。其中，促进区域协调发展是贯彻落实协调发展理念的重要方面。"十三五"规划强调指出，推动区域协调发展要以区域发展总体战略为基础，以"一带一路"建设、京津冀协同发展、长江经济带发展为引领，形成沿海沿江沿线经济带为主的纵向横向经济轴带，塑造要素有序自由流动、主体功能约束有效、基本公共服务均等、资源环境可承载的区域协调发展新格局。党的十九大报告对中国区域发展提出了新要求，将"实施区域协调发展战略"作为"建设现代化经济体系""增强中国经济创新力和竞争力"的一个重要组成部分，要求"建立更加有效的区域协调发展新机制"，更加明确了实施区域协调发展战略的主要任务和价值取向。这必将进一步推动完善我国区域发展的新格局，也将更好地培育和释放我国区域发展的新动能，加快缩小区域发展差距。

人均GDP是衡量区域经济发展水平的重要指标。通过收集1952—2018年我国31个省（市、区）的人均GDP，计算出相应的人均GDP标准差和变异系数，初步反映我国省际经济发展差异状况。新中国成立70年来，我国省际经济发展的差距总体上呈现相对缩小的趋势。从人均GDP的标准差来看，从新中国成立到20世纪90年代初期，我国省际绝对差距还比较小，主要是由于受改革开放前国家实施区域均衡发展战略的影响，当时各省份的经济发展水平都还比较低，尽管改革开放初期提出了东部沿海优先发展的区域发展战略，但东中西部省份之间的总体差距仍然不大。随着改革开放进程的不断推进，东部沿海省份的发展活力进一步释放，各个省份的经济发展规模也不断扩大，由此导致人均GDP的标准差呈现较快的增长趋势，省际绝对差距快速扩大。从人均GDP的变异系数来看，新中国成立70年来，我国省际相对差距出现了阶段性的波动，但总体上呈逐渐缩小的趋势。从新中国成立初期至改革开放前，人均GDP的变异系数呈波动上升态势，由1952年的0.585波动上升至1978年的0.976，说明这一阶段我国省际相对差距还比较大；1978—1990年，人均GDP的变异系数由0.976持续下降至0.607，省际相对差距不断缩小；1990—2003年，人均GDP的变异系数有所扩大，但幅度不大，由0.607增加到0.764，省际相对差距拉大；此后，人均GDP的变异系数由2003年的0.764下降至2018年的0.446，省际相对差距呈现持续下降态势，说明中国实施的区域协调发展战略取得了较为显著的成效。进一步地，可以从人均GDP最高省份与最低省份的比值来反映省际发展差距。新中国成立70年来，这一比值先是由1952年的7.4∶1上升至1978年的14.3∶1，1974年达到最高的17.9∶1，再由1978年的14.3∶1下降至2018年的4.5∶1，这充分说明了我国省际发展差距在不断缩小。这期间人均GDP最高省份与最低省份的比值经历了"先上升—后下降—再上升—再下降"的变化过程，与人均GDP变异系数的变化趋势基本一致。1952年人均GDP最高的为上海，达到430元，人均GDP最低的为贵州，只有58元，两者比值为7.4∶1；1978年人均GDP最高的为上海，达到2498元，人均GDP最低的为贵州，只有175元，两者比值为14.3∶1；2008年人均GDP最高的为上海，达到74504元，人均GDP最低的为贵州，只有9390元，两者比值为7.9∶1；2018年人均GDP最高的为北京，达到140000元，人均GDP最低的为甘肃，只有31336元，两者比值为4.5∶1。2014年人均GDP最高省份与最低省份的比值达到新中国成立70年来的最低点，为4.0∶1。

我国区域经济总体差异变化情况。从反映区域经济总体差异的Theil指数来看，新中国成立70年来，我国区域经济总体差异呈现"扩大—缩小"的波动变化并不断趋于缩小。具体来看，1952年反映区域经济总体差异的T值为0.0528，到1960年T值达到一个高点，为0.1005；1960—1967年，我国区域经济总体差异在缩小，T值由0.1005下降至0.0473；1967—1976年，区域经济总体差异又呈扩大趋势，T值由0.0473上升至0.0739；1976—1990年，我国区域经济总体差异再呈缩小趋势，T值由1976年的0.0739下降至1990年的0.0365；1990—2003年，区域经济总体差异又在扩大，T值由1990年的0.0365提高到2003年的0.0581；2003—2018年，区域经济总体差异再次趋于缩小，T值由2003年的0.0581下降至2018年的0.0303。由此可见，新中国成立70年来，我国区域经济总体差异有所波动，但从70年来的发展演变来看，未来区域经济总体差异将呈现不断缩小的发展趋势。尤其是党的十九大报告提出了"实施区域协调发展战略",为促进区域协调发展做出了一系列战略部署,指明了区域经济发展的总体方向。

从区域经济总体差异的构成来看,区际经济差异在1986年之后对区域经济总体差异的影响都要高于区内经济差异,这说明东部、东北、中部、西部四大区域之间的经济发展差异仍然是目前区域发展不平衡的主要原因。1952—1986年我国区域经济总体差异更多取决于区内经济差异,说明这一时期东部、东北、中部、西部四大区域内部省份之间的差距较大,四大区域间的不平衡问题还相对不明显。而1986年之后区际经济差异在区域经济总体差异中的比重都高于区内经济差异的比重,2004年区际经济差异的比重达到最高点,Tb/T的值为71.22%,此后这一数值呈现下降趋势,到2017年Tb/T的值为58.63%,仍高于Tw/T,说明四大区域间的差距呈缩小的趋势,但这一差距仍然较大,是影响区域经济总体差异的主要因素。

区际经济差异变化情况。区际经济差异反映了我国东部地区、东北地区、中部地区、西部地区四大区域之间的经济发展差异情况。新中国成立70年来我国区际经济差异总体上呈现波动下降的趋势。1952—1990年,区际经济差异的变化比较平稳,基本维持在一个较低的水平,Tb值由1952年的0.0171变化为1990年的0.0199。1990—2003年,区际经济差异逐渐拉大,Tb值由1990年的0.0199扩大到2003年的0.0407,增加了一倍多,说明随着改革开放的深入和建立社会主义市场经济体制改革之后,东部地区的发展速度加快,东部和中西部地区之间的发展差距进一步扩大。2003—2018年,得益于西部大开发、东北老工业基地振兴、中部崛起等战略的实施以及区域协调发展战略的推进,区际经济差异呈现下降趋势,Tb值由2003年的0.0407下降至2018年的0.0178,下降幅度较大,四大区域间发展不平衡问题有所缓解。

区内经济差异变化情况。区内经济差异反映了我国东部、东北、中部、西部四大区域内部各省份之间的经济发展差异情况。新中国成立70年来中国区内经济差异总体上呈现波动下降的趋势。特别是20世纪90年代以后,反映区内经济差异的Tw值基本维持在(0.0121,0.0181)这一区间范围内,2017年的Tw值为70年来最低,只有0.0115,区内经济差异达到最小的状态。进一步地分析四大区域内部经济差异情况,总体上看,东部地区的内部经济差异最大,但呈现不断下降的趋势,2008—2015年东部地区的内部经济差异已小于西部地区。从变化趋势来看，东部地区的内部经济差异变化曲线与我国总体的区内经济差异变化曲线基本吻合，而其他三个区域的内部经济差异变化相对较小，说明我国区内经济差异主要是由东部地区的内部经济差异导致的。东北地区、中部地区的内部经济差异较小，且保持相对平稳的走势，对我国区内经济差异的影响不显著。

第四节 新时代中国区域经济协调发展的政策趋势

新中国成立70年以来，我国在不同时期采取了一系列重大的区域发展战略与政策举措，切实缩小了区域发展差距，增强了区域发展的协调性，取得了显著的成效。党的十九大报告提出要"实施区域协调发展战略""建立更加有效的区域协调发展新机制"，明确了实施区域协调发展战略的主要任务和战略取向，将区域协调发展战略提升到党和国家事业发展全局的高度，对于增强我国区域发展协同性、拓展区域发展新空间，具有重大的战略意义。展望未来，我国区域经济发展政策将不断丰富和完善。

1.区域发展总体战略深入实施

"十一五"规划明确提出实施区域发展总体战略并持续推动落实，为促进区域协调发展产生了积极的作用。未来区域经济发展仍将以区域发展总体战略为基础，加快缩小区域差距，促进区域协调发展。进一步深入实施区域发展总体战略，更好地发挥其协调区域发展的战略效应，关键在于实行分类指导，优化调整东、中、西、东北四大板块发展战略的重点任务。党的十九大报告提出要"强化举措推进西部大开发形成新格局，深化改革加快东北等老工业基地振兴，发挥优势推动中部地区崛起，创新引领率先实现东部地区优化发展"。西部地区实施大开发战略以来，经济社会发展取得了重大的进展，增长速度明显加快，但受限于交通区位和自然环境等因素，发展程度依然较低，未来仍需要采取强有力的举措加快推进发展，具体包括：进一步加强基础设施建设，抓住贫困地区脱贫这一历史机遇，稳步提高基本公共服务均等化水平；充分发挥"一带一路"建设的引领带动作用，加快对外开放步伐，提高开放型经济发展水平；着力加强特色优势产业发展，提升产业竞争力和市场化水平；持续推进西部地区生态环境建设，提升生态保障支持能力，筑牢国家生态安全屏障。东北地区面临的主要问题在于体制机制僵化，结构性矛盾突出，要加快东北振兴必须更加强调从深化体制机制改革上找出路，围绕制约东北振兴的主要问题重点突破，着力创新体制机制，加快促进政府职能转变，深化国有企业改革，积极改善营商环境，促进民营经济发展，进一步扩大对外开放与合作，推动改革深化，使东北经济真正"脱胎换骨"。中部地区承东启西、贯通南北。未来发展的方向是应进一步强化区位交通优势，构建现代综合交通体系和物流体系；激活人才、市场、资源等优势，加快建设现代产业体系，更好地承接东部地区产业转移和拓展西部地区市场；增强中心城市和重点城市群的集聚功能，优化资源配置和促进要素流动；全面融入"一带一路"建设，加快发展内陆开放型经济，提升中部地区整体竞争力。东部地区是我国经济发展的先行区，未来应着力强化作为改革开放创新领头羊的使命担当，不断深化自贸试验区、自由贸易港等重大制度探索，引领新兴产业和现代服务业发展，打造具有国际影响力的创新高地，在转型升级、体制创新和全面开放等方面继续走在全国前列，增创东部地区发展新优势。

2.区域协调发展机制将进一步创新优化

促进区域协调发展，增强区域发展的协同性、联动性、整体性，关键在于深化改革和体制机制创新。党的十九大报告强调，要建立更加有效的区域协调发展新机制。2018年11月，中共中央、国务院发布了《关于建立更加有效的区域协调发展新机制的意见》，就建立更加有效的区域协调发展新机制进行部署，以促进区域协调发展向更高水平和更高质量迈进。当前中国的区域发展战略已经更加突出"带动"和"协同"，更加强调将区域发展的"极化效应"转变为"扩散效应"，增强区域发展的联动协调性。为更好地发挥区域经济发展的扩散效应，未来我国区域发展必然要求加大区域协调发展制度的建设力度，以体制机制创新作为推动区域协调发展的引擎，协调解决跨区域发展中的制度性难题，建立更加紧密的区域关系。进一步创新区域协调发展机制，必将要求更加重视发挥市场机制的作用，破除阻碍区域合作与公平竞争的各种障碍和市场壁垒，促进生产要素跨区域有序自由流动，优化生产要素空间布局，推动区域经济分工与合作，加快建立全国统一开放、竞争有序的市场体系，健全市场一体化发展机制，提高区域资源配置效率，促进区域协调发展。区域合作机制将进一步创新发展，在优势互补、互利共赢的基础上将开展更多区域间多层次、多形式、多领域的合作，特别是会更加支持区域合作的组织保障、规划衔接、政策协调、利益分配、信息共享、争议解决等机制创新。区域互利互助机制将不断完善，进一步健全东部发达省份对中西部地区和东北欠发达省份的对口支援制度，在推动资金、项目帮扶的同时，将更加强调加大在教育、科技、人才等方面的帮扶力度，以增强欠发达地区自身发展能力，促进对口支援从单方受益为主向双方受益深化，形成区域良性互动的新局面。区际补偿机制和利益平衡机制将更加健全，在上中下游生态保护补偿、资源开采地区与资源利用地区之间的利益补偿等方面不断探索机制创新，促进区际利益协调平衡。

3.重大区域发展战略将不断发挥引领作用

党的十八大以来，面对国内外发展形势的新变化，党中央提出了"一带一路"建设、京津冀协同发展、长江经济带发展"三大战略"，取得了显著的成效。2019年2月，《粤港澳大湾区发展规划纲要》印发，加快推进粤港澳大湾区建设也成为一项重大的国家发展战略，进一步推动了我国区域协调发展战略在更大范围与更深层次上的全面升级。党的十九大报告提出："要以'一带一路'建设为重点""推动形成全面开放新格局"；"以疏解北京非首都功能为'牛鼻子'推动京津冀协同发展，高起点规划、高标准建设雄安新区。以共抓大保护、不搞大开发为导向推动长江经济带发展"。这表明以"一带一路"建设、京津冀协同发展、长江经济带发展等为主的国家重大区域发展战略对于推动和引领我国区域协调发展意义重大。未来区域发展将进一步强调加强"一带一路"建设、京津冀协同发展与长江经济带发展与粤港澳大湾区建设等国家重大区域战略统筹对接，鼓励国内各个地区参与并融入"一带一路"建设，尤其是促进西部地区、东北地区在更大范围、更高层次上开放，着力推进"五通"重大项目建设，推动共建"一带一路"向高质量发展转变。在推动京津冀协同发展方面，未来将紧紧抓住"疏解北京非首都功能"这一核心要求，努力探索解决"大城市病"的中国特色道路，为全国乃至全世界同类区域发展提供经验借鉴。要以交通、生态、产业三个领域为重点，促进京津冀形成交通互联、生态共治、产业关联的分工协作格局，建设京津冀协同创新共同体。要坚持"世界眼光、国际标准、中国特色、高点定位"的理念，高起点规划、高标准建设雄安新区，努力将其打造成为贯彻新发展理念的创新发展示范区，调整优化京津冀城市布局和空间结构，缩小河北与京津地区发展落差，推动大中城市错位发展和协调发展。在推动长江经济带发展方面，充分认识到长江经济带连通中西部地区的独特优势，按照"共抓大保护，不搞大开发"的要求，把修复长江生态环境摆在突出位置，优化沿江城镇、人口和产业空间布局，推动长江上中下游互动合作，努力将长江经济带打造成为有机融合的高效经济体,更好地发挥长江经济带作为促进东中西区域协调发展的重要支撑带的作用。在粤港澳大湾区建设方面,明确粤港澳大湾区的战略定位,优化粤港澳大湾区的空间布局,进一步提高区域发展协调性,深化粤港澳创新合作,建设国际科技创新中心,加快构建具有国际竞争力的现代产业体系,提升生态宜居宜业宜游水平,充分发挥粤港澳大湾区建设在区域发展和全面开放中的辐射引领作用,将其打造为对全球具有辐射力、带动力和吸引力的国际化大湾区。

4.老少边穷地区是促进区域协调发展的重要突破口

老少边穷地区发展滞后是制约区域协调发展的重要短板和关键瓶颈。党的十九大报告提出要加大力度支持革命老区、民族地区、边疆地区、贫困地区加快发展,将扶持老少边穷地区发展放在区域协调发展战略的优先位置,凸显了党对老少边穷地区的重视。

当前,我国社会主要矛盾已经转化为人民日益增长的美好生活需要和不平衡不充分的发展之间的矛盾,区域发展不平衡是其中的一个主要方面,而老少边穷地区的发展滞后则是不平衡发展的重要原因之一。因此,党的十九大报告提出要"坚决打赢脱贫攻坚战""坚持精准扶贫、精准脱贫",切实解决区域性整体贫困问题,做到脱真贫、真脱贫,重点就在于老少边穷地区。可见,未来一段时间我国必然会更加关注老少边穷地区的发展问题,不断加大力度支持老少边穷地区改善基础设施条件,加快各类基础设施向老少边穷地区延伸和倾斜,着力提高老少边穷地区基本公共服务能力,推动教育事业、卫生事业、文化事业等各项社会事业加快发展。积极培育和发展老少边穷地区的优势产业和特色经济,用好特色资源、发挥比较优势、释放发展潜力,进一步提高这些地区的自我发展能力和持续发展能力。加强老少边穷地区生态环境建设,突出绿色扶贫,守住生态和发展两条底线,促进老少边穷地区将生态资源转化为生态资本。坚持大扶贫格局,创新政府、企业、社会组织等多元化主体对口帮扶模式,通过东西部扶贫协作、金融扶贫、定点扶贫以及项目、技术、智力等灵活多样的扶贫方式,凝聚扶贫开发强大合力,加大对老少边穷地区的扶贫支持力度。

5.绿色发展理念贯穿区域经济协调发展全过程

我国经济发展逐渐正从工业文明过渡到生态文明,区域经济由高速增长阶段转向高质量发展阶段,绿色发展理念已成为区域经济高质量发展遵循的重要理念。绿色发展不仅是提升区域发展质量的重要抓手,也是评价区域发展质量的核心指标。当前，全球环境治理已进入全新阶段，全球经济正面临着绿色转型的战略机遇期，我国的绿色转型也正进入快车道。今后，人民群众对美好生态环境的需求将会越来越强烈，构建绿色、循环、低碳发展的产业体系以及有利于绿色消费的行为模式和制度体系，不但"迫在眉睫"，而且"势在必行"，这就要求区域经济发展必须将优美的生态环境质量作为发展的目标，提供更多"优质生态产品"，满足人民日益增长的优美生态环境需要。进一步完善主体功能区建设规划，统筹协调推进区域绿色转型发展，优化区域生态格局，全面提升各地绿色治理能力，将是未来我国区域发展的重要内容。党的十九大报告对绿色发展和生态文明建设的诸多深刻论述，将为各地区开展生态文明建设和绿色发展实践指明路线，推动形成新时代生态文明建设的新气象、新格局，汇聚起区域绿色发展新动能和建设美丽中国的强大合力。

第六章 要素禀赋与区域非均衡发展

长期性、相对性、聚集性是区域经济非均衡发展的规律特征。特征的本质原因是什么？要素和要素禀赋是经济活动的客观基础，是深入阐述区域经济非均衡发展规律特征的内在原因之一。

第一节 经济要素禀赋与划分

1.要素与经济要素

要素是生产活动必要的组成部分，可以分为经济要素和非经济要素。虽然对经济活动来说，经济要素是直接影响经济生产行为的要素，非经济要素则是不直接影响经济行为的要素。不过，无论是经济要素还是非经济要素，都会对经济生产起到作用。经济要素是经济活动的客观基础。最基本的经济要素是经济生产要素，即资本与劳动。但经济要素也是动态的，不同时代、不同学科视角考虑的要素也不同。经济学之父亚当·斯密在认识劳动价值论的理论时，认为劳动是基本的经济生产要素；大卫·李嘉图在看见地主和地租关系时，对经济生产要素又增加了土地内容，而新古典经济学理论的建设者马歇尔则删去了土地要素；其后经济学理论发展的重点就在于不同经济要素的加入，如社会、文化、制度，甚至行为等。经济学理论的核心问题是研究有限资源的最优配置，则资源条件就是要素禀赋条件，这是经济生产的客观基础条件，既有量的条件又有质的条件。经济学理论因此分别研究了要素量增长带来的生产结果变化，也分析了要素质的增长所带来的生产结果的影响。

从经济要素与经济活动的相互影响角度来看，经济要素决定经济活动或行为，而经济活动同时影响经济要素。经济要素是动态的，随着经济要素与经济活动的相互影响，经济要素不断增强自己的总量和质量。经济全球化对经济要素的影响显著，更多地连接全世界的资源和要素。有些条件是客观存在的，但是不去利用就没有价值，也不会成为经济要素。经济全球化使得我们的市场扩展到全世界范围。随着经济的开放化和全球化，经济要素的范围和界限不断扩展，优势经济要素和非经济要素的区分本身意义不大。原来，经济要素和非经济要素的区分是为了分析清楚复杂的经济社会，但是也不难发现有时以往的非经济要素在经济活动或行为中的作用越来越大，甚至出现非经济要素经济要素化。理论为现实发展而服务，因此，经济要素也需要有新的理解。

经济全球化对要素界定的意义就是区域特殊性的重新发现。全球化和区域化是同步进行的。全球化越深入发展，区域的意义就越重要。从不同角度看，全球化是共同市场的全球化，而市场竞争力来自于区域的特殊性。比如，世界各地都能买到中国生产的电子产品，价格非常优惠，决定性的因素就是中国因素，这就是区域特殊性。从而，以区域特殊性为基础的要素在经济全球化中发挥重要的作用。

2.区域与非区域要素

经济活动或经济行为离不开空间。生产活动关系到在哪儿生产，消费活动关系到在哪儿消费。为了更准确地理解经济要素的空间含义，可以建立区域要素与非区域要素概念。这种划分具有更有效的理论和现实意义。有些要素是区域固有的，其他区域没有或无法拥有这些要素，即区域要素。有些要素是普遍存在的，通过要素的空间移动，其他区域也可以拥有这些要素，即非区域要素。

区域要素是区域经济学的重要理论基础。如果不存在区域要素，那么区域经济发展或区域经济学对现实就无法发挥指导作用。从要素移动的角度来看，区域要素具有不可移动的特征，非区域要素具有可移动的特征。经济要素与非经济要素的区分是一种划分方法，区域要素与非区域要素也是一种划分方法。前者是从经济意义来划分，后者是从区域或空间意义来划分。经济要素与区域要素相互联系。自然要素是非经济要素，也是区域要素。资本和劳动是典型的经济要素，也是典型的非区域要素，其条件是能够保证这些要素的自由移动。资本和劳动是复杂的要素。地方金融是一种资本，但它的区域性较强，接近区域要素；FDI也是一种资本，但它的区域性低且移动性高，是非区域要素；劳动力要素也不是单一的，有些劳动力具有强大的移动性和特殊的区域性，也有劳动力具有较低的移动性和非区域性。

区域要素具有非流动性、不可复制性、不可替代性、排他性和动态性等特征。严格来说，区域要素的这些特征并不是区域要素与非区域要素的唯一区别。

区域与非区域要素是相对的也是动态的概念。首先，非流动性。这是区域要素的最明显特征。就空间角度来说，常规理论将经济要素再区分为可流动要素与不可流动要素。与非区域要素相比，区域要素的流动性较低，甚至根本不可流动。其次，不可替代性。经济要素可替代，资本可替代劳动，劳动也可替代资本，有些生产要素或资源可替代另一种生产要素或资源。但是，有些生产要素是不可替代的，只能在某个区位才可利用，这些要素应该是区域要素。再次，不可复制性，也就是不可模仿性。技术是一种重要的经济要素。但不可能全世界技术水平都一样，应该有高水平的又有低水平的。如果一种技术谁都可以复制或模仿，那么这种技术不会有市场价值，不能成为经济要素，更不是区域要素；相反，有的技术就在某一个区位，其他区位不拥有此技术，这就是区域要素。最后是动态性。区域要素具有要素累积的特征，是因为它是不可流动的，也是不可替代或不可复制的。区域固有的或区域特有的要素不断在某个区位累积自己的特征，并加强自身的价值，是自我累积和加强的过程。

3.要素禀赋的区域性

要素禀赋及要素的空间分布既是区域经济学的现实基础，也是理论基础。现实决定不同区域的要素禀赋的差异以及要素空间分布的差异。区域之间的要素禀赋是不一样的，差异就是区域经济学的理论价值。经济发展所需要的要素不可能分布在全世界各地，要素尤其是经济要素禀赋的区域性特征和移动性特征是经济发展中的重大问题。首先是自然资源的区域性，自然资源是经济生产活动的重要要素之一，其空间分布条件完全依赖自然分布。其次是人力资源的区域性，人力资本包括经济发展的劳动力总量和劳动力质量，人才在空间的分布有非常明显的差异，名人在名地就是典型的体现。再次是社会文化资本的区域性，社会文化是现代经济发展的重要因素，对很多产业的生产活动有特殊而独特的作用，而不同区域有不同的社会文化基础，从而形成具有区域特色的文化资本。还有制度与政策的区域性，比如制度经济学的交易成本概念，制度已经纳入经济学分析模型，对经济活动产生很多制约性影响；而制度具有很强的空间具体性，也就是明显的区域性特征；政策是为了提高有限资源利用的效率最大化而存在的，因此政策有针对性倾斜特征，倾斜的场域就是区域。另外还有FDI的区域性，跨国企业是全球化的主要动力，他们不断在更大的地理范围寻找最佳投资机会也就是投资区位，具有典型的区域性特征。

区域要素对区域经济生产与经济增长具有多方面的影响。第一，区域要素对区域经济增长与发展的正向作用，这种作用是一种绝对性作用。因为非区域性要素是可以在区际移动的，而区域性要素是不能跨区域流动的，因此区域性要素对区域经济生产与发展起着基础性制约作用。第二，区域要素对区域经济发展也有负面影响，主要体现在要素在区域沉积而不能跨区域配置，在要素本身生产效率较低时，会影响本地区的经济生产效率。第三，区域要素对区域经济发展有累积影响，要素都具有累积性，区域要素不能在地域上更广泛地流动，在区域内积聚的特征更明显，其不断的区域累积对区域经济生产的积累有制约作用。从区域发展程度的差异来看，区域要素禀赋条件的差异明显。发展程度较好的区域一定具有良好的综合要素禀赋条件，发展程度低的区域在要素条件上也一定有落后的方面。重要的问题在两个方面，一方面是要素条件保持度，另一方面是要素条件的结果。初始要素禀赋条件决定区域的长期发展路线，并且良好的初始要素禀赋条件能够引进更多的要素；相反的是，初期条件落后的区域很难获得这样的机会。区域要素还会因移动性差异而不同。要素本身不断寻找更多机会的区域而向该区域移动，随着经济全球化的进展，要素移动的机会和范围将会不断扩大。

还可以看到要素禀赋的差异造成区域差异，尤其是区域发展的差异，也就是说区域发展差异归根到底取决于要素禀赋的差异。这里必须注意的是，不同的要素禀赋形成不同性质的经济区域或经济功能区。比如，具有适合农业发展的要素禀赋的区域必然会发展农业，劳动要素丰富的区域主要发展劳动密集型产业。虽然经济世界不是偶然而是必然的结果，只是从要素禀赋角度看，偶然性也有很强的经济意义。区域经济理论体系的明显弱点是区域的形成。区域经济理论曾经假设区域既定，在此基础上探讨区位选择、区域增长、区域差距等问题。但是区域经济问题最终关系到要素禀赋，是因为不同的要素禀赋条件形成不同的地理区位，而导致在不同区域经济增长的同时还造成区域差异，一旦形成了以初期要素禀赋为主的区域经济结构，而后的发展将会受到其结构的惯性影响。

第二节 要素禀赋的新经济学解释

1.主流经济学的观点

要素是经济生产的基本内容，主流经济学对要素禀赋的研究内容非常多，但是古典经济学和新古典经济学的解释不同。从亚当·斯密开始，古典经济学就看到并深入分析了要素禀赋在经济活动中的作用。绝对优势理论充分表达了不同地理区位要素禀赋差异带来的不同生产效率的生产和贸易结果与专业化分工在其中所起到的作用。李嘉图发展的比较优势理论更充分解释了不同区位、不同要素禀赋产生的生产结果。但是在新古典经济学中，区位的要素禀赋问题已不出现在经济学的理论框架中。主流经济学是以一般均衡理论为基础的经济理论。从这个角度看，主流经济学没有给空间问题留下足够空间。时间是一般均衡理论的主要分析参照点，从时间序列可以进行静态、比较静态和动态分析，因此现代微观经济理论体系中没有分析空间的问题。主流经济学的一般均衡不考虑空间变量是认为理论考虑的经济变量是劳动和资本，这两个变量只有时间序列上的短期和长期区别，而没有供给也就不受空间限制，所以理论不考虑要素移动的距离和运输成本。这一点被日后的制度经济学所诟病，制度经济学增加的重要经济变量就是以距离和运输成本为基础的交易成本。主流经济学的理论体系主要考虑了要素量和质的禀赋差异，这种差异导致要素的收益差异，在不考虑要素移动成本情况下，为了获取更高水平的边际收益，要素可以不断在不同市场主体间移动，由市场经济制度来保证。于是，要素移动的结果会达到不同要素的同等水平的边际收益，也就是市场均衡。

主流经济学是均衡的经济学，假设经济活动最终都会实现长期均衡，也是最有经济效率的均衡和最公平的状态。为了证明市场经济均衡的存在，主流经济学要在理论模型构建上不断设置条件来确保模型结果，并将这种模型的结构来对应甚至改造现实世界。这种在经济模型上依赖假设条件的做法也成为主流经济学的弱点或局限。主流经济学为基础的经济增长理论也继承了这样的弱点。新经济增长理论试图突破传统要素禀赋论，看到了不可移动的要素的存在，如知识和技术等生产要素，得出要素禀赋差异的理论。

主流经济学是没有范围或场域的经济学。亚当·斯密的经济思想奠定了主流经济学的理论基础。个体的利益最大化追求保证了社会利益的最大化。最大化的主体包括利润最大化的主体和效用最大化的主体。但显示经济运行关注是谁的利润最大化及谁的效用最大化，这关系到具体的地理空间或区域主体。

2.区域经济学的观点

区域经济学在发展的前期从不同角度一直试图突破主流经济学的局限和不足。区域经济学一直在寻找地理空间或区域在经济活动和经济理论中的含义，特别是不同区域的要素禀赋差异会导致什么样的经济生产结果。这些努力表现在区位选择理论、区域增长理论、区域结构理论和区域治理与区域政策理论等。

区位问题是经济活动在空间上的表现,是所有空间问题的出发点。杜能、韦伯、俄林、廖什、艾萨德等人都把区位问题作为经济活动中的重要空间问题,但他们都更为重视非区域要素作用或非区域要素禀赋。杜能的农业区位论是区位选择理论的重要基础。杜能探讨位置或区位、地租、土地利用三者的关系。不同位置和不同水平的地租形成一种结构。不同位置的要素禀赋尤其是农业条件是不同的。韦伯的区位选择理论是在既定条件下追求利润最大化或成本最小化。廖什的区位选择理论强调区位层次。艾萨德把经济学的替代概念引入区位选择问题,尝试建立一般区位选择理论。这些区位选择理论在新古典经济学基本假设条件上建立和延伸,俄林的思想已经看到不同区域要素禀赋差异带来的影响,但他所考虑的要素还是非区域要素,在此基础上以市场机制的作用,最终能够达到新古典均衡。二战后发展起来的多种区位选择理论,包括行为区位理论、商业区位理论、公共设施区位论等,大部分继承了前人研究的基础并试图解释不同区位选择问题的特点。不过总体来说,要素禀赋的研究还是以非区域要素为主。

区域增长理论是区域经济学的重要组成。自区域经济学开创以来,对区域经济增长模型的研究一直没有停止,但区域经济增长模型的构建仍然不甚完善。主要原因还是要素禀赋的解释不足,很多经济要素的研究与理论没有对区域要素和非区域要素进行有效划分,导致区域经济增长理论发展受限。

3.要素禀赋的新观点

要素禀赋是导致区域经济问题的根源。随着经济全球化的深入发展,要素禀赋越来越成为区域经济发展的重要条件甚至根本性条件。现在,要素禀赋是比以往更重要的条件。早期区域经济学的理论要素可以分为经济要素与非经济要素、空间要素与非空间要素。从要素的移动性来看,要素禀赋还可以分为自然资源等天然要素禀赋,后天投入固化在特定空间上形成的要素禀赋和动态化要素禀赋。自然资源和后天投入要素禀赋是区域类要素,动态化要素是非区域类要素。

有些要素是可以移动的,不仅在特定区域、国家内,还可以在全世界范围内移动,这些要素即为非区域要素。有些要素是不可移动的,很难在地理范围内移动,这些要素是区域要素。区域要素是特定区域的固有要素,是不可替代的。经济全球化的背景让研究者重新认识了要素禀赋问题。在要素世界大流动之前,要素禀赋是决定区域经济问题或造成区域经济发展的主要条件。但经济全球化可以从世界范围配置要素，而区域要素也可以移动到更广泛的地区。这样的要素流动现实越来越接近主流经济学假设的要素完全流动性状态。但是经济全球化越发展，就会越来越清楚认识到有些要素是完全不可移动的，并且完全不可替代。更高水平的技术之所以改变不了它，是因为这不是技术问题而是经济问题。

要素禀赋的移动性和替代性决定要素的区域性。并且随着经济全球化的深化，区域与非区域要素的区分越来越明显。这样，就面临空间或区域要素分布的问题，要素禀赋本来是非均质的，而不是均质的。要素禀赋的均质假设以往取决于理论分析的便利，但现在则取决于现实经济的重要转变，即经济全球化。这是一个重要的理论出发点。

第三节 要素禀赋与非均质空间分析

1.要素禀赋与非均质情况

区域经济非均衡发展从根本上说是由于要素的空间不平衡分布造成的。要素可以分为区域和非区域性要素，在空间分布上就表现为均质分布和非均质分布。传统的理论对要素的空间分布主要从均质角度出发，新的研究理论如克鲁格曼的新经济地理学打破了传统空间分析的局限，引进了不完全竞争市场结构和收益递增的假设，看到了要素的空间非均质分布，这需要进一步深化非均质空间的分析方法。

均质和非均质是空间和区域特征。区域经济学自建立以来，一直把空间分析当作区域经济理论研究的出发点，研究了一系列问题，比如，空间是什么？区域是什么？空间与区域是什么关系？空间经济研究与区域经济研究是什么关系？空间和区域概念上的矛盾影响着区域经济理论的发展，空间分析对区域经济理论研究也提供了非常重要的空间。尤其是在区域经济学的发展过程中，空间一直是理论的出发点。空间是区域的抽象，区域是客观存在的地理与经济实体。区域经济学在经济学的框架内分析区域问题时需要一定的抽象化。区域的抽象化面临的特征，这是均质假设。区域研究所面临的另一个问题是地理特征的处理，也就是从地理角度来看，区域不是地理上完全平坦，因此区域经济学应该怎样对待这种地理空间？空间均质假设可以有效地避开这个问题。空间均质的含义是平坦的空间上的经济要素禀赋是均等的。因此，空间均质假设从距离的角度来考虑经济活动

第六章 要素禀赋与区域非均衡发展

的空间特征，从而，空间问题归结于距离问题。空间均质假设能够提供较方便的理论基础。不过也有问题，就是空间均质假设与实际经济情况有很多不符合，尤其是在空间惯性起到关键作用的时候，空间均质假设很难说明现实区域的一系列问题。只有空间非均质的含义是空间上的经济要素的禀赋是非均等的，才符合现实的经济世界。

均质空间假设指经济空间是一片平原，在空间上没有凹凸等地理上的特征，要素禀赋的空间分布是均等的。在此基础上，可以把距离和运输成本引进到分析框架里。如果经济空间不是平原，那么距离和运输成本变量不会线性变化，就很难分析其变量的作用。均质空间假设的好处是易于分析，但是有局限性。也不能说这种方法不对，只能说不够全面。冯·杜能的农业区位理论假设在一个大平原中央有一个城市，它与周围农业地带组成一个孤立的地区，该地区既无河川、亦无运河，并且，该区位中，具有同样适宜的气候和肥沃的土壤条件。而且，运输费用同运输的重量和距离成正比。冯·杜能研究，因为土地位置不同导致农业成本在空间上的差异，从而对地租发生影响，所有这些因素围绕着一定市场的经营类型，经营强度在空间上的分布。其空间分布不仅取决于自然因素，更取决于经济因素，即与市场的距离。冯·杜能的同心圆理论假设是典型的均质空间假设。其结果就是把空间变量转成距离和运输成本变量。廖什市场区的出发点就是均质空间。在平原上有经济价值的原料是均匀地分布的。这个平原各方面都是同质的，含有的只是有规则分布的自给自足的农场。这样的出发点如何导致空间的差异呢？这就是廖什的理论空间，从中，廖什得出有规律的市场区。

空间非均质的含义是：平坦的空间上经济要素的禀赋是非均等的。地理上平坦的空间还很抽象，但要素禀赋的非均等分布是现实的。从亚当·斯密的绝对优势理论到李嘉图的比较优势理论都假设要素禀赋的非均质特征，要素禀赋的差异是贸易的基本条件之一。不同的空间区位具有不同的要素禀赋。如果要素禀赋不是均质的，那么市场结构，尤其是生产要素的市场结构不再是完全竞争。不同区位的要素禀赋的差异必然造成不完全的要素市场结构。传统的区位理论尤其是以生产为主的区位理论基本上是从非均质空间假设出发的，因为生产区位取决于不同的原料产地和市场区位的函数。韦伯的工业区位论把空间约束转为距离和运输成本的函数，并且，韦伯的区位三角形中的两个原料产地的要素禀赋是非均质的。后来，莫西的区位生产模型以及麦卡安的物流成本区位模型也是在韦伯的基础上发展的,并且,他们都把运输成本作为区位理论的主要因素。非均质空间是条件的非均质分布,并不是成果的非均质分布。霍泰林的理论既是条件的非均质,又是成果的非均质。要注意,从市场结构角度来看,非均质空间假设意味着不完全的竞争市场结构,包括要素市场的不完全竞争和消费市场的不完全竞争。

2.要素禀赋与非均质空间分析

无论是区域要素还是非区域要素,都对区域经济非均衡发展起到了重要的作用。以往的区域经济理论较侧重分析非区域要素的作用,而不太重视区域要素的作用,包括自然要素、文化要素、环境要素和制度要素等。克鲁格曼的动态空间模型具有重要的理论意义。但是,从要素禀赋的角度来看,克鲁格曼的动态空间模型只考虑非区域要素,并没有充分考虑区域要素的作用。并且,总的来看,以往大部分的空间模型或空间相互作用模型主要考虑非区域要素的作用,而某种程度上忽视区域要素的作用。要解释非均质空间和要素禀赋的非均质分布,理论框架就应该包括非区域要素的作用。这样一来,区位选择理论应该同时考虑区域要素和非区域要素的作用。聚集经济的形成不仅是资本和劳动的函数,还有区域要素的作用。如果考虑区域要素对聚集经济的影响,就能够揭开累积循环与聚集经济的关系。并且,在区域要素和非区域要素的相互作用下所形成的经济区域一定具有各区域固有的特征,也自然地形成不同的经济区域。

经济全球化重新认识区域的重要性。区域经济研究也需要新的视角。早期的区域经济理论建立在均质空间分析的基础上,试图建立一般经济模型,试图把空间因素引入到主流经济学的框架里。主流经济学假定生产函数的规模收益不变,拥有完全竞争的市场结构,空间均质,因此距离是核心的空间变量,利用运输成本来替代空间变量。以空间均质假设为基础的距离和运输成本在空间分析中的作用具有一定的意义。而从要素禀赋的角度来看,空间非均质带来市场结构不完全竞争、非规模收益不变等问题。新区域经济学和新城市经济学以及新经济地理学已经对空间的非均质性有所涉及但对要素禀赋的考虑不够,各种要素分布在不同的区位,其结果导致空间的聚集经济以及区域经济增长的差异,也就是空间上所出现的各种区域问题的根源归根到底是要素禀赋的差异。非区域要素与区域要素之间存在相互作用关系与转换特征。非区域要素是全球范围内可移动的要素,这些要素到了某个区域,与当地的区域要素之间建立网络体系,一部分的非区域要素就转换为区域要素。就区域经济发展而言,这是非常重要的过程,区域经济发展所需要的要素条件是有限的,通过这种相互作用和转换,区域经济能够持续拥有较好的要素禀赋条件。所以,区域要素成为非区域要素引入和移动的重要基础。随着经济全球化的深入,传统意义上的要素概念逐渐转变,并且要素禀赋的初期条件并不是区域经济发展的绝对条件,更重要的是能否提高要素的流动性以及相关制度的创新。经济全球化使得我们更重视区域要素的培育,区域要素并不仅是自然要素,还包括区域固有的要素条件,也包括区域文化等。区域要素是非区域要素移动的条件之一,从而,地方政府以及创新能够把这些区域要素的作用进行强化。区域主体应该包括当地的居民、企业和区域政府,各经济主体为了自己利益的最大化而奋斗。这些区域主体的行为导致要素利用的效率和成果。其中,区域政府或地方政府的行为至关重要。地方政府是创新的主要主体。创新是区域经济发展的主要因素。有的地方政府超前建立制度创新机制,对要素的作用起到积极作用,但有的地方政府缺乏制度创新机制,阻碍要素的积极作用。

3.要素禀赋与区域经济非均衡发展

区域经济发展不平衡是常态和长期的。要素禀赋的非均质分布是造成区域经济发展不平衡的主要原因,并且区域主体行为的差异也是主要原因之一。这两种因素的作用导致区域经济非均衡发展的常态和长期性。

当前已经有大量文献研究区域经济非均衡发展,这些文献大都使用新古典经济学分析方法,重视劳动、资本要素在区域经济发展中的作用。制度经济学将制度纳入不平衡分析研究,深刻阐述了制度和制度创新在区域经济非均衡发展中的作用和影响。无论制度、资本、劳动都在经济主体的行为中可以实现变化累积的要素,其累积的速度、质量必然会影响到区域经济的发展水平。但还有一类要素在一定时间内是难以改变或者不能变化的,典型的是自然要素。比如,一个地方的矿产资源、地质地貌以及天然性的区位条件等自然要素禀赋几乎都是不能变化的。古典经济学的创始人亚当·斯密就非常关注地理条件特征和自然要素禀赋的作用。他以城市分工为例,说明一个人分工的选择受到其所在地理区位的影响,城市作为一种地理要素影响甚至决定着分工与专业化的结果,进而影响了经济发展。而对于区域经济会在什么地方率先获得发展,斯密又特别强调了水运的作用。在今天,由于科学技术的不断发展,我们可以在一定程度上改变某些自然要素禀赋的作用,例如可以改善一定区域的土壤肥沃程度。那能否据此认为,古典经济学所关注的自然要素禀赋度与区域经济非均衡发展已经过时了呢?新国际贸易和新经济地理的代表人物克鲁格曼研究认为，一种经济活动一旦被"锁定"，就会形成空间的累积因果循环，而要打破这种局面，就需要超过一定阈值的力量，才能够克服区位的黏性。由此可见，最初的空间地理要素特征和自然要素禀赋状况对于区域经济的发展仍然有着重要影响。

研究要素禀赋对区域经济非均衡发展的影响和作用，结合古典经济学和新古典经济学要素禀赋观，既分析了后天累积性要素对区域经济非均衡发展的作用，也研究了先天自然要素对于区域经济非均衡发展的影响。由于要素禀赋是不均质的，所以区域经济必然是不平衡发展的。在后面的分析中还要对不同要素进行实证分析，目的是解释这些要素与区域经济非均衡发展的关系。

要素禀赋条件的差异是区域经济不平衡发展的根本原因。传统的区域经济发展理论也重视要素禀赋条件的区域差异，主要探讨非区域要素，但把要素简单化了，不过，其理论并不是没有道理。本章的基本出发点是区域要素及其他的非均质分布。要素的区域性是决定区域经济发展差异及其不平衡的重要原因。传统的理论框架主要考虑可移动的要素，因为不可移动的要素禀赋条件是不可改变的，所以不在考虑的范围内，其逻辑可以接受，但是，这样一来，其理论的出发点就有违现实，或者说离现实距离远了。区域之间的经济发展水平差异是客观存在的事情，也是必然的，从另外一个角度来看，差异才是发展的动力，如果区域之间不存在差异，其结果就没有必要交流。传统的主流区域经济学的出发点是，要素禀赋是不均质的，但区域经济发展经过不平衡的阶段最终能够达到平衡的状态；要素禀赋是均质的，由于空间要素的作用，短期出现集中和聚集，其结果造成不平衡状态。要素禀赋是非均质的，于是区域经济非均衡发展。

第七章　后天累积性要素与区域非均衡发展

新古典经济学提出的后天累积性要素中选取人力资本、FDI和区域社会文化资本这三种进行研究。随着科技进步和经济全球化的不断深入，人力资本和FDI在区域经济发展中发挥了越来越重要的作用；区域社会文化也成为重要的软性制度要素，它们与区域经济非均衡发展之间存在深刻的关系。

第一节　人力资本要素与区域非均衡发展

人力资本是区域经济发展的重要要素，也是重要的非区域要素。严格来说，人力资本既具有非区域要素的性质，又具有区域要素的特征。在一定的条件下，人力资本在特定区域被固化逐渐成为区域要素。这其中受教育程度更高的高级人力资本被固化的可能性更高，区域要素化的可能性也越高；相反，受教育程度相对低级的人力资本要素则具有更高的非区域要素的性质。人力资本对地区经济的发展有重要作用。强调区域发展中人才的决定性作用是因为经济活动是由人来参与完成的，人的差别也就影响着经济活动的质量。从相关的研究中可以看到，我国东部地区人力资源特别是高知识人力资源较为丰富，而中西部地区则相对较少。各地区从业人员的平均受教育年限都在逐年增长，但增长的速度是不一样的，东部地区与中西部地区相比，差距在不断增加。在东部12个省份中，区位商大于1的有9个，占95%；中部相应数据占33%；西部9个省份区位商大于1的有5个，占56%。但由于东部地区的人口占全国总人口的41.2%，超过总人口的1/3。可见东部地区的专业技术人员在相对量和绝对量上都占有较大优势。人力资本与区域发展差距的问题依赖人力资本理论和实证研究。

1.人力资本理论

现代人力资本理论开创性的研究源于舒尔茨（Schultz，T.W.）1961年发表的《论人力资本投资》一文，舒尔茨认为单纯物质资本的积累不能解释第二次世界大战以来发达国家经济快速增长和贫穷国家经济增长缓慢的经验事实，而必须把人力资本包含进去分析。同时期的加里·贝克尔（Becker, G.）则从微观角度阐述了人力资本积累对收入提高的作用，至此，现代人力资本理论最终确立。稍后，在这个领域进行更为具体的实证分析的是丹尼森（Denson, E.F.），他对经济增长中各种主要因素的研究，证实了舒尔茨的观点。确切地讲，人力资本理论最初就是以经济发展面目出现的，舒尔茨提出人力资本理论的初衷是解释一国经济长期增长的原因，而作为完整的人力资本理论是在对20世纪五六十年代"索洛残差"（Solow residual）的解释中发展起来的。

传统经济增长模型，即索洛模型的主要特征是投入要素的边际收益递减，主要结论是实物资本的积累既不能解释经济的长期增长，又不能解释人均产量在不同地区的巨大差异。对于要素投入不能解释的那部分经济增长，经济学家们称之为"索洛残差"。对于产生"索洛残差"的其他可能来源，该模型要么将其看作外生的，要么根本不予考虑。随后，"干中学"模型（Learning by doing）和包括物质生产部门和人力资本生产部门的两部门经济增长模型试图克服新古典增长模型的局限性，但他们最终不能解决"索洛残差"问题，也就是说这些模型仍旧没有说明经济系统是如何内生地决定一个国家或地区经济的持续增长。

20世纪80年代，以罗默（Romer, P.M.）和卢卡斯（Lucas, R.E.）的研究为开端，经济增长理论进入一个新的发展阶段。这一时期的经济增长理论主要致力于研究一个经济体的持续增长是如何被经济系统内生地决定，即内生经济增长理论。罗默建立的知识推进模型除考虑资本和劳动以外，加进了第三要素——知识。他认为专业化知识和人力资本的积累可以产生递增的收益，并使其他投入要素收益递增，从而实现总和收益递增。罗默的研究把生产要素做了进一步扩充，除纳入以平均受教育年限来衡量的人力资本外，还加入了用专利来衡量的新思想，使其理论更加完善。罗默模型中，人力资本仍然被看作外生增长因素使人力资本对经济增长的作用有被低估的可能，与罗默较重视知识的外部性引起的收益递增对经济增长的影响相比，卢卡斯等认为人力资本的作用更加重要。卢卡斯将人力资本作为一个独立要素纳入经济增长模型，把舒尔茨的人力资本概念和索罗的技术进步因素具体化为专业化的人力资本。一国的经济不再需要外生力量就能实现持续增长，增长的源泉是人力资本的积累。罗默和卢卡斯模型的共同之处是他们都强调人力资本比物质资本更为重要，并把它作为经济增长的关键因素，打破了传统古典经济学理论关于要素收益递减或不变的假设，说明了经济长期持续增长的源泉与动力。

从内生经济增长理论的角度看，一个国家的经济增长率和人均收入差距越来越大的主要原因就在于各国知识、技术和人力资本积累方面存在的巨大差异。内生增长理论把人力资本作为一种投入要素使其模型对经济增长的解释力得到增强。但人力资本不同于其他资本形式，人力资本的生产并非一个线性过程，它的载体是劳动者本身，而劳动者的思想、经历、感情、认知和环境不仅会影响到人力资本生产，还会对整个生产活动过程产生重大影响。在不考虑整个区域环境的情况下，研究人力资本对经济增长的影响，很可能会产生误解的结果。基于此，郭海（2004）对人力资本概念进行了扩展，认为人力资本不仅体现为个人身上的技能、知识、诀窍等，从广义上，它也包括共同的、非有形的知识，如共同的价值观、共同的习俗、规则和法律等制度因素的影响。巴泽尔（Barzel，Y.）指出人力资本一个很重要的性质是劳动者可以在工作中控制其人力资本的利用程度。由于制度可以通过影响私人的人力资本边际收益率，从而决定劳动者在工作中利用人力资本的程度，所以制度安排是影响人力资本溢出效应的重要因素之一。巴泽尔只指明了在物质生产过程中引入制度因素可以增强人力资本的溢出效应，但实际上，无论是物质生产过程或者人力资本生产过程中，制度都会成为一种关键的中间变量，必须把制度作为经济增长的重要组成部分才能解释复杂的投入产出关系。

人力资本概念上的模糊性使其可测性很差。在实证研究中，不同的研究者往往使用不同内涵的人力资本定义和不同的代理变量，如卢卡斯和罗默用平均受教育年限来衡量人力资本、巴罗（Barro，R.J.）用25岁以上人口受教育程度来衡量人力资本等，他们得出的结果不尽相同。虽然关于人力资本对经济增长作用的定量分析还没有令人信服的结果，但是在总体上，经济学家并不否认人力资本对经济增长的重要作用。

对我国的实证研究是在20世纪90年代开始的，沈坤荣、耿强（2001）在数据处理上采用面板数据，使用似不相关回归方法进行检验。结果表明，以高校在校生人数占该地区人口比重代理的人力资本存量对人均GDP的解释并不显著，人力资本对经济增长的促进作用尚未显现。徐现祥、舒元（2005）采用6岁以上人口平均受教育年数代理人力资本存量的研究显示，人力资本并没有主导地区内收入差距的实际变动模式。蔡昉、都阳（2000）用人口识字率表示初始人力资本存量,得出完全相反的结论。他认为人力资本的初始禀赋非常显著地与增长率正相关,是促进增长速度的重要因素。陈钊、陆铭、金煜(2004)针对人力资本作为我国地区经济增长的重要解释变量,却在研究中缺乏人力资本存量的省级面板数据情况,估测出一套1987—2001年较完整的人力资本和教育发展的省级面板数据。其中构建了两个指标:一是各省级单位的人均受教育水平,二是受高等教育、高中、初中和小学教育的人口比重。分析结果表明,教育指标仍然是地区经济增长差异的一个因素,但其相对重要性已经明显下降。但是以上研究都没有考虑制度等区域环境因素和人力资本的交互作用对经济增长的影响。王金营(2004)把制度因素引入到经济增长分析中,通过对人力资本增进性制度变迁模型和资本增进性制度变迁经济增长模型的回归分析,得出制度变迁作用与资本要素对经济增长的贡献率较大,表明我国自1978年以来的体制变革主要围绕物质资本配置及其所有权和收益权进行,对于经济增长的重要因素——人力资本的制度创新与变革则相对滞后。

2.教育与人力资本区域不均衡

魏后凯、杨大利从地区分权角度研究了我国区域教育差异状况,指出分权化改革以后,区域经济的不平衡发展必然会引起区域间教育投入的严重失衡,失衡引致区域间教育发展机会的不平等。后来的学者,如王善迈、杜育红、刘远新、吴德刚和岳昌君等基本认同魏后凯与杨大利关于区域经济发展和教育发展差异关系的论述。

乔观民、丁金宏、刘振宇利用1982—2000年三次人口普查数据反映我国人口受教育程度的空间变化。全国范围内,人口受教育程度在质和量上明显改善,人口受教育程度的空间差异正在缩小。我国三大地带人力资本结构具有较强的梯度性,教育区域发展差异是形成人力资本空间差异的最主要因素。胡鞍钢、熊义志(2000)计算的我国各地区综合知识发展指数发现,各地区综合知识发展指数同人均GDP指数有较好的对应性,但各地区主要知识发展指标差距大于人均GDP的差距。林小强、史迈斯(Smeth,R.,2005)用基尼系数分解方法,比较了我国沿海和内地以及城乡之间的教育不均衡,发现城乡之间受教育机会的不均等,而非沿海与内陆之间受教育机会的不均衡,是教育不均衡的主要原因。但这些研究脱离地区经济发展水平,单纯地研究教育发展的区域差距问题,有很大的局限性。对于我国来说,地区经济发展对教育发展的影响至少表现在以下几点:首先，地区经济发展水平直接影响该地区教育投入的能力，进而影响教育发展的规模和速度；其次，区域经济发展差异的另一种表现形式是收入水平的差异，贫困地区家庭接受教育的欲望和能力会受到收入水平的严重制约；再次，区域经济发展不平衡，会直接影响到该地区经济对教育需求的层次和结构，而教育需求又是教育发展的深层次动力。

以上研究表明我国教育不均衡状况不仅存在于区域之间，还存在于城乡之间。财政分权改革对20世纪80年代以来中国教育不均衡状况产生了较大影响，教育发展和区域经济差异与不平衡发展之间存在较强的正相关关系。

3.人力资本与我国区域经济不平衡发展

巴罗、萨拉—马丁（Barro, R.J.&Sala-i-Martin, X., 1995）认为，初始人力资本存量通过促进技术进步、扩散和学习对经济增长产生积极的促进作用。这一研究成果已被学术界广泛接受，后来的研究多是在此基础上对此做了理论和经验扩展。

但是，对中国经验的实证分析却没有得到一致的结论。蔡昉、都阳（2000）采用FGLS（Feasible Generalized Least Square）回归方法，对1978—2000年我国地区经济增长趋同的研究表明人力资本的初始禀赋，非常显著地与增长率正相关，是促进增长速度的重要因素。周英章、孙崎岖（2002）考察了我国教育投入对实际经济增长的贡献并对两者做了格兰杰因果检验（Granger causality test），实证结果表明：教育投入具有非常明显的经济增长效应，而经济增长对教育投入也有重要的影响。因此在我国教育投入和实际经济增长之间存在着互馈关系。而沈坤荣、耿强（2001）的研究却表明，人力资本存量对人均GDP的解释并不显著，人力资本对经济增长的促进作用尚未显现。徐现祥、舒元（2005）借助O'Neil框架，把我国区域差距的变化分解为物质资本的人力资本"数量""价格"变化和其他。结果也发现，进入20世纪90年代后沿海、内地各自的组内收入差距缩小，组间差距不断扩大，主要源于物质资本的单独效应，人力资本并没有主导地区内收入差距的实际变动模式，我国地区出现双峰趋同。

对同一现象的分析得到的结论差异为何如此之大，可能的答案是人力资本概念上的模糊性使其可测性很差。在实证研究中，不同的研究者往往使用不同内涵的人力资本定义和不同的代理变量，由此得到不同，甚至相反的结论也就不足为奇了。同时，上述研究把人力资本作为一个整体，往往只使用单一变量代理，没有区分不同人力资本的不同组成部分对产出的不同影响，这显然不能得到令人信服的结论。还有学者尝试从新的角度研究人力资本与区域经济发展差距的关系。盖勒、瑞拉研究了在信用市场不完善的情况下，财富和收入分配通过影响人力资本投资而影响经济增长的机制。陈钊、陆铭、金煜（2004）针对人力资本在解释我国地区经济增长中的重要作用，而在研究中又缺乏人力资本存量省级面板数据的现实情况，在研究总结的基础上，根据现有数据估测出一套1987—2001年较完整的人力资本和教育发展的省级面板数据。他们的分析结果表明，教育指标仍然是揭示地区差异的一个因素，但其在解释地区间收入差距中的相对重要性已经明显下降。这些研究表明关于人力资本和区域差距的研究已经逐渐突破简单计量回归的阶段，也为下一步理论和实证分析的进展提供了新的方向。

4.人力资本存量的估计

舒尔茨在《论人力资本投资》一书中按照形成途径将人力资本归纳为以下五种：医疗和保健、在职培训、学校教育、技术推广以及个人和家庭适应就业机会的迁移。后来的部分研究在使用人力资本存量这一变量时也就选用了与以上五方面相关的变量来代理，如张帆将人力资本分为广义人力资本和狭义人力资本，广义人力资本包括：有形人力资本，这是把儿童抚养到工作年龄的消费支出；教育投资；健康投资；研究和发展投资；教育投资与健康投资构成狭义人力资本。人力资本存量由估计的以不变价格计算的每年真实人力资本投资减去折旧累加而成。李宝元用教育经费支出总额表示教育投资的直接成本，用"在校学生数×（1－城镇失业率）×各行业平均工资"表示学生放弃的收入，估算得出我国1978—1996年教育投资总额；按"卫生固定资产投资＋卫生事业费＋医疗费（包括劳保费、公费、自费）"估算得出同期我国健康投资总额；再按"教育投资总额＋健康投资总额"计算得出1978—1996年我国人力资本投资总额来表示人力资本存量。

从计量范围看，研究内容都比较全面，包括健康、教育、研发等维度，但其所用的基础数据的取得渠道比较复杂，这可能会影响到计量结果在范围、口径等方面的一致性。如何把各个维度统一起来，他们共同的处理办法就是用人力资本投资来计算人力资本存量。但是，与人们对人力资本投资认识的相对一致不同，人们就人力资本积累的理解存在较大的差异，基本一致的看法是：通过人力资本投资形成的、积累蕴藏于劳动者身体内的知识和技能属于人力资本。但除了知识和技能，对于健康、情商等是否属于人力资本还存在较大争议，这种争议直接体现为对人力资本存量计量对象和范围的争论。另外，在使用人力资本投资来计算人力资本存量上还有待商榷。我们不能简单沿用对物质资本存量的估算方法——用于生产资本物品的费用所形成的资本量。首先，对于人力资本存量的计算来说，如何区分消费支出和资本支出，无论在理论上还是实际处理上，这种区分都是困难重重的。其次，物资资本需要折旧，那么人力资本也是需要"折旧"的，可以体现为劳动者年龄增长带来的体力下降或知识老化不再满足生产需要而被淘汰。但问题的关键是，我们怎么用一个机械的折旧率来表示人这个有机体的变化。于是，舒尔茨提供一个建议，就估算人力资本来说，原则上有另一种可供选择的方法，就是用它的产量而不是用它的成本来进行计算。即人力资本投资的结果形成一定数量的人力资本积累，这一积累的多少就是人力资本存量水平。在从产出角度衡量人力资本存量水平时，我们撇开健康、情商等有争议的内容，只观察知识和技能部分，发现教育在其中起着最为重要的作用。以教育的成就或国民的受教育程度来间接地描述人力资本的水平的方法称为教育存量法，其基本思路在于：教育形成的知识构成了人力资本的核心内容，即教育的成就越大，人力资本的投入通常也越多，国民的受教育程度越高，人力资本的存量也越大。教育存量法的基本假设是：人力资本蕴藏于人身的知识和技能是通过接受正规教育形成的。

现有相关研究也大多选用一些教育变量来代理人力资本，罗默、蔡昉等采用成人识字率数据；巴罗、列维、若莱特等采用入学率标准；沈坤荣和田源用各地区从业人员中大专以上学历的总人数来代理人力资本存量。这些文献出于研究和数据收集的方便，只选取某一个或两个指标，但这些单项指标只是表明了教育发展某一方面的情况，并不能直接代理人力资本存量。成人识字率是小学以上文化程度人口在总人口中的比重，入学率表示该级教育在校学生总数与政府规定的该级学龄段人口总数的百分比。它们代表了教育发展的基础水平，成人识字率相等或入学率相等并不一定表示人力资本存量水平就相等。从业人员中大专以上学历的总人数只是劳动者中受过高等教育人员的绝对数，也只能反映一个地区高等教育发展的绝对水平。这些单项指标既不能够反映人力资本存量的水平，又不能说明人力资本存量的结构。于是，更多的学者采用平均受教育年限或受教育年数总和等综合指标来代理人力资本存量，如蔡昉采用人口或劳动者的平均受教育年数标准,侯亚非、王金营、朱翊民和钏庆才等采用人口或劳动者受教育年数总和标准。

用人口或劳动力的受教育程度或年限代表人力资本存量不仅简明扼要,数据获得的可能性与精确性强,而受教育年限与接受教育或培训的劳动力人力资本投资成本成较强的正相关性,它排除了用货币计算人力资本投资成本的价格因素影响;劳动力受教育程度或年限与劳动力在"工作中学习"或"边工作边学习"的人力资本积累成正相关,受教育程度越高,劳动力在劳动中积累经验的能力越高,接受新技术、新知识越容易;劳动力受教育年限与劳动力的收入成正相关。不仅如此,人的受教育年限越长,越注意保持自身健康;受教育年限越长,用于选择合适职业的信息收集和迁移的成本越高。受教育年限对人力资本存量计量具有代表性。但是,上面文献使用教育年限法衡量人力资本存量在技术上存在一个重大缺陷,就是无法顾及人力资本积累的累积效应,实际是把1年的小学教育形成的人力资本等同于1年大学教育所形成的人力资本。抛除这种技术上的缺陷不谈,平均受教育年限和受教育年数总和数据也只反映了人力资本存量水平,对于揭示人力资本存量的结构没有任何贡献。从经济学研究和政策含义上希望了解的是各类不同受教育程度对于经济增长和收入的影响。换句话说,即使我们知道教育对经济增长和收入提高的总体影响相当大,我们也还要知道应该优先发展哪种教育,是基础教育、中等教育、还是高等教育?也正是因为现有文献中关于教育发展和人力资本数据的缺乏,使得对省级面板数据的估算成为一项具有重要意义的工作。比如在卢卡斯经济增长模型中加入人力资本要素可以估计表明物质资本和劳动对经济增长显著正相关,并且,不同受教育程度对经济增长的作用不同,当然高等教育下的人力要素对经济增长的作用更为明显。在受教育程度分组人口统计数据的基础上,利用受教育年限累积法计算省际人力资本存量总量和结构的面板数据可以计量得出人力资本分布不平衡与区域经济非均衡发展和发展差距扩大存在正相关关系。

第二节　FDI要素与区域非均衡发展

资本决定论应该说来自于古典经济增长理论。经济发展较为落后的原因是缺乏资本,储蓄率低,因而形成了发展经济学中的"贫困恶性循环"。可见资本投入量的差异确实会带来地区经济发展水平的差异。从各地区固定资产投资规模的比较来看，各地区的固定资本投资量都有较大的上升，每10多年增长在3~4倍。但就各地的规模量来说，东部地区一直占比很大，并不断上升，21世纪后已超过60%，而西部地区的占比则只有15%~16%。经济水平的差距因此产生，也是合理的解释。各地区的投资效率也有较大差别。21世纪第一个十年，各地区固定资产投入产出比为1.75，即平均每投入一块钱，可以增加0.75元国民收入。而同期东部地区的投资效率为1.96，西部地区则为1.63。可见，投资同样一元钱的资本，东部地区就要比西部地区多获得0.33元国民收入，加上投资量上的差距，地区收入差距的结果因此而出现。

而我国不同地区在接受外资投资的数量与质量方面存在更大差异。我国FDI呈现的是东高西低的基本格局。20世纪90年代，虽然外资不断进入中西部地区，但东部地区接受外商直接投资的规模占全国的比重在20世纪末就达到86.18%；进入21世纪，西部地区FDI数额增加了近一倍，但实际规模占全国的比重却从1999年的4.6%下降到3%左右。外资的投资效率上，东西部之间的差距较国内固定资产投资的效率差别更大。东部地区平均FDI投资效率为1.81，西部地区同样指标数值为1.37。投资规模和效率对投资后产生的区域收入水平差距有较大影响。

1.FDI与区域经济增长

FDI对经济增长的影响是毫无疑问的。FDI对经济增长的影响有两方面：一方面是投资国的经济增长，另一方面是东道国的经济增长。FDI不仅仅是一种资金投资，还带来资金以外的其他资源，对经济增长起着不可忽视的作用，如生产技术和管理技术的转移等。勃哈瓦蒂曾经找到FDI和经济增长的关系。马库森、维纳勃斯认为，20世纪70年代有些发展中国家和经济学家之所以对FDI并不乐观，是因为FDI造成东道国市场的垄断并损坏地方市场的竞争，但是，自20世纪90年代以来，其观点转变为乐观，FDI和跨国公司在地方产业发展与经济发展方面起到重要的作用。FDI对经济增长的影响是有条件的。本德·纳本德、福特研究表明，FDI对经济增长的条件为基础设施的改善和市场化程度。巴拉苏曼亚姆等人的研究表明，已积累一定规模人力资本国家的FDI影响更高。门槛问题也在经济发展水平上，经济发展水平太低的国家流入FDI的影响并不明显，布卢姆斯道姆等人的研究表明，FDI对经济增长影响需要一定的经济发展水平。并且，菲格丽奥、勃洛林根的研究表明，FDI通过提高当地实际工资水平以及降低人均政府成本的渠道，将会影响当地经济发展。

就FDI与中国经济增长而言，柯尤发现FDI对中国总资本形成做出了很大贡献。Sun, H.的研究表明FDI是导致改革开放以来东部和西部地区间经济增长差异的最重要因素。格拉汉姆、瓦达的回归分析表明，在1991—1997年期间我国引进FDI对总要素生产力的贡献很明显，从不同区域来看，FDI对东部沿海地区的贡献最明显。江小涓（2002）的研究表明FDI对我国工业增长的极大贡献，Han Gyu Lheem&Sujian Guo（2004）的实证证明我国在1995—2000年期间FDI和经济增长的正面关系。叶飞文（2004）的回归分析表明在1991—2001年期间全社会固定资产投资和GDP增长之间存在着高度正相关关系。魏后凯（2001）研究发现各地区GDP的增长主要取决于国内投资和劳动力的增长，FDI处于相对次要的地位，东部沿海地区的GDP增长主要取决于国内投资，其次才是FDI。吕光明分析国内投资、FDI和我国经济增长的关系，其结果也表明FDI与我国经济增长之间长期均衡机制和长期驱动机制尚不存在，但从趋势上看，FDI对我国经济增长的促进作用和我国经济增长对FDI的吸引力逐渐增强。总之，虽然有些实证分析表明FDI与经济增长或发展未具有明显的关系，但是大部分的实证分析都表明两者的正面关系。其中，技术转移也是FDI在经济增长或经济发展中具有重要的意义。就FDI与区域经济增长而言，金相郁的回归分析表明FDI流入量和各地工业总产值之间存在着高度正相关关系，并发现在1980—2000年期间各省间FDI流入量的变异系数和各省间人均GDP的变异系数之间存在着较高的正相关关系。

2.FDI的区域性

外商直接投资具有区域性特征，表现在投资区位选择、技术及知识外溢效应、连接效应等。就FDI与经济增长的关系而言，严格来讲，FDI之所以对区域经济增长起到至关重要的作用，是因为FDI的影响首先表现在区域范围，并不是国家范围。并且，跨国公司的投资战略中本地化战略越来越成为核心战略之一，本地化的基础也就是当地区域。据KITA的资料表明，进入21世纪，FDI的流出量和流入量都集中在几个大区域，就是欧盟、美国和中国等。从FDI的流出量看，欧盟占59.1%；其中，法国占9.4%，其次为美国占20.6%。从FDI的流入量看，欧盟占58.4%；其中，法国占8.0%，其次为中国占7.5%，美国占6.1%。

FDI在我国的空间分布也具有区域性特征。从20世纪80年代开始到21世纪初，我国引进FDI累计额的87.72%集中在以长江三角洲、珠江三角洲和环渤海地区为主的东部沿海地区。世纪之交的5年（1999年至2003年），环渤海地区的二市三省引进574.99亿美元的FDI，占全国的24.72%，长江三角洲的一市二省为794.00亿美元，占34.13%，珠江三角洲的广东省引进617.82亿美元，占26.56%。各地区内部也存在区域性特征。据《天津统计年鉴》，天津市引进FDI累计额的46%集中在天津经济技术开发区。据《上海统计年鉴》，浦东新区FDI合同金额占上海市的26%。据广东省各市统计公报，深圳、东莞、惠州为主的8个市引进FDI规模占广东省全部的70%。由此可见，FDI的空间分布表现出明显的区域集中现象。从理论上讲，FDI通过各种渠道跟当地经济建立区域连接并影响区域经济发展，如技术转移、技术溢出、知识溢出、模仿效应、学习效用等。Hu, D.P.认为，FDI不仅是资本移动，还带来各种其他要素的移动，包括管理技术、生产服务等，并通过聚集而减少各种交易成本。马库森、文勃斯的研究也表明，虽然FDI流入和商品及要素市场竞争的提高会减少当地企业的利润，但是连接效应（linkage effects）会减少投入成本并提高利润水平。就FDI的区域集中与技术转移的关系而言，汤普森的研究表明FDI在相对集中的产业集群内，技术转移更明显。

相对全国这个大区域来说，小区域的区域性表现也很明显。天津市是外资集中地区之一，以21世纪经济增长周期的2003年为例，天津市引进了总规模245.4亿美元的实际直接利用外资。其中，港澳台的投资最多，直接投资额达到97.1亿美元，其次为美国、日本、韩国，投资规模分别为35.5亿美元、25.5亿美元和17.3亿美元。天津市既是韩国对华投资的前方基地，又是投资集中区域之一。据韩国进出口银行《海外投资统计》资料显示，在1989—2004年9月期间，韩国对华投资金额的10.61%和投资项目数的8.92%集中在天津市，投资金额为10.3亿美元，投资项目数为957件。与其他区域相比，天津市的总比重具有绝对地位，天津市的平均投资规模为107.983万美元，高于全国平均90.765万美元。山东省和辽宁省的投资项目数多于天津市，但是大部分投资是中小规模投资，平均投资规模分别为71.351万美元和52.108万美元。除了江苏省以外，珠江三角洲和长江三角洲的上海市、广州市等的平均投资规模较大，但是这两个地区的投资年限不长，并且，投资项目数少于天津市。

截至2003年底，韩国对天津市的直接投资规模超过天津市总FDI规模的5%，在1990年至2003年期间，天津市引进188亿美元的FDI，其中韩资为9.5亿美元。从2000年起，韩资对天津市的投资回到亚洲金融危机之前的水平，并呈现投资上升趋势，而且大型投资又开始位于天津。从产业的地区生产总值来看，第二产业占50.87%，第三产业占45.46%，第二产业中工业的地区生产总值为1136.24亿元，占全市地区生产总值的46.42%。从37个工业行业的工业总产值来看，通信设备计算机及其他电子设备制造业占21.88%，并且，黑色金属冶炼及压延加工业和交通运输设备制造业等11个行业的工业总产值都超过100亿元，共占全市的52.31%。由于天津市是工业大城市，所以韩国对天津市的FDI投资大部分集中在制造业，据韩国进出口银行资料显示，截至2004年9月，从投资金额来看，韩国向全世界FDI投资中制造业的比重为53.48，韩国对中国FDI投资比重为85.30%，其中，天津市的比重更高达96.30%。从投资项目数来看，制造业的比重更高达90.28%。

从城市空间结构来看，天津市形成以两个核心为基础的空间结构，一个核心在市中心，另一个核心在以经济技术开发区为主的滨海新区。韩资对天津市的行业特征就是制造业集中，并且，制造业投资的主要目的还是生产成本的降低。虽然最近投资企业的目的更多元化，但是从生产企业来讲首先要考虑的就是成本的降低。为此，一般制造企业呈现区位集中的特征。据中国韩国商会的资料，从各行政区位来看，津南区和东丽区是韩资企业最集中的区位，分别占总投资企业数的22.7%和19.1%，塘沽区和大港区共占14.03%，而中心市区的比重为14.33%。从行业来看，中心市区的韩资企业大部分从事第三产业，包括运输、物流、银行、咨询和科技开发行业等，制造业还是位于非中心市区。本章发现大部分的韩资企业集中在中心市区周边的四个区，包括东丽区、津南区、西青区和北辰区，共占企业数的58.21%。我们认为韩资企业之所以集中在中心市区的周边地区，是因为与中心市区相比，该地区的各项成本相对较低，并且离港口相对较近。

对于外资企业的区位分布，中心地偏好假说认为，在投资初期阶段大部分的外资企业倾向于选择中心地区，该地区具备较良好的基础设施，还具有大规模的市场和聚集经济的基础。但是，韩资企业在天津市区位分布的空间结构表明大部分韩资企业并不是位于市中心地区，而是位于市中心的周边地区。对于外资企业的区位分布，还有一种假说，就是周边地区偏好假说，国外的一些实证研究发现外资企业从中心地区迁移到周边地区的现象。但是，天津市韩资企业在投资初期就开始位于市中心的周边地区，后来的投资也选择周边地区，所以天津市韩资企业的区位特征更适合于自我强化假说。

3.FDI的区域连接

区域连接的主要核心是区域产业连接,包括物资连接和服务信息连接。从连接的方向来看,区域产业连接包括前方连接和后方连接。产业连接的程度取决于不同的组织规模、组织成熟度、生产工程和行业。组织规模越小,产业连接水平越高。投资年限越多,与区域内企业间的连接水平越高,这就是投资年限假说。不同的生产工程也具有不同的产业连接水平。不同的行业具有不同水平的产业连接。图尔克提出区域连接的两种类型,就是发展模型和依存模型。发展模型的主要特征就是与当地企业间建立长期合作关系,具有较高的本地化水平;而依存模型的主要特征是,通过垂直关系的建立,与当地企业间形成不平等的交易关系,本地化水平较低。奥法若、奥洛赫林研究证明爱尔兰制造业具有投资年限假说的特征。瑞德针对美国的日资制造企业研究企业组织特征与区域连接的关系。图尔克的英国实证研究表明外资企业和中小企业的区域连接水平高于国内企业和大企业。

区域连接主要包括产业连接、知识连接和社会连接。产业连接主要有前方连接和后方连接,前方连接主要看主要原材料和零部件的供给来源是否在本地,后方连接主要看产品(包括中间投入品)的销售主要在本地区还是区外。知识连接主要包括知识和技术的外溢效应,还包括外资企业对当地企业的学习效应。为了提高产品的质量,有些外资企业重视研究开发和职工教育。这些活动是否发生在区内,就是知识连接的主要通道。社会连接是外资企业与当地社会间的交流,包括各种社会活动以及对当地社会文化的影响。阿斯厄杜(Asiedu,2002)等人系统地总结各种区位决定因素。但是,有些实证分析表明在不同的国家其因素的影响是不同的。他的总结表明,有些实证研究指出人均国内生产总值和劳动成本在外商直接投资区位决定中起着正向作用,但是有些实证研究指出两者具有负的关系,并且还有些分析表明两者间不存在明显的统计显著性。阿斯厄杜的总结还表明,大部分的实证分析指出开放程度和基础设施条件对外商直接投资的区位选择发挥积极作用,而税收和政治不稳定发挥消极作用。

第一是市场规模。经济合作与发展组织总结在中国的FDI决定因素,包括经济增长与市场规模、自然资源和人力资源、基础设施、对外开放、经济政策、投资保护措施等。地区国内生产总值能够表明该地区的市场规模。一些研究表明,各省地区国内生产总值和外商直接投资间呈现正的关系,Fung·K.C.的实证分析表明：各省地区国内生产总值和日本外商直接投资间呈现正的关系。Lee·H.S.的回归分析表明，中国各省地区国内生产总值和韩国外商直接投资间也呈现正的关系。Fung·K.C.的研究还表明，各省地区国内生产总值和美国等国家和地区外商直接投资间也呈现正的关系。Lee·C.S.的Lipsey回归模型和德姆戈尔Demurger回归模型都表明，在中国的外商直接投资的省级区域分布中，地区国内生产总值和人均地区国内生产总值都具有明显的统计显著性。

第二是自然资源和人力资源。我国的自然资源和人力资源较丰富且劳动成本较低，对外商直接投资的区位决定发挥重要作用。阿姆斯特朗、泰勒指出，外商直接投资在选择一国内的投资区域的时候要考虑投入要素的成本和要素的可供给性。林峰等人的实证分析表明，各地区劳动成本与外商直接投资间呈现负的关系。Lee·H.S.的韩国外商直接投资在中国的实证分析也表明两者间存在负的关系。Fung·K.C.的研究还表明，日本、美国等国家和地区在中国的外商直接投资与劳动成本间呈现负的关系。李立新和金润圭的不同投资来源的实证研究表明，欧洲、美国等国家和地区的外商直接投资和劳动力成本间呈现正的关系。魏后凯的实证分析也表明，制造业工资水平对欧美在华制造业投资的区位选择有着十分显著的正的影响。从而，劳动力成本和外商直接投资的区位决定还有争论，有待进一步的研究，很有可能外商直接投资的区位决定导致当地劳动力成本的上升。李立新和金润圭的研究表明，自然资源对外商直接投资具有正的影响，尤其是日韩投资中较明显。除了劳动力成本以外，外商直接投资还重视当地劳动力的素质和水平。生产工程技术水平较低的行业对劳动力的质量要求相对较低，但是，产品的技术含量越高，对劳动力的要求也越高。Fung·K.C.的研究发现，各地区教育水平和外商直接投资之间呈现正的相关关系。Lee·H.S.的实证分析也表明，无论全世界对中国的投资还是韩国对中国的投资，劳动力质量对外商直接投资的影响都是非常显著的。邓炜与郑兵云的安徽省实证分析也表明，地区教育水平与外商直接投资间呈现较强的正相关性。

第三是基础设施。良好的基础设施对外商直接投资的区位决定具有正面作用。Fung·K.C.等人的研究都表明，各种基础设施的发展水平对外商直接投资的区位决定具有明显的正的效应。但是，实证分析中的基础设施是各种各样的，有些研究利用铁路情况，而有些研究利用公路情况。基础设施是较广泛的口径。因此，不同的代理变量可能导致不同的结果。魏青山和王任飞将区域基础设施划分为交通基础设施、通信基础设施、能源基础设施和城市基础设施，并依据加权求和法得出各省市基础设施综合评价得分，以此得分为基础设施的代理变量进行回归分析。其分析结果表明，区域基础设施水平是影响外商直接投资的重要因素。他们的实证分析还发现，前期的基础设施水平对现期的外商直接投资具有更大的影响。因为外商直接投资在最初选择进入某个地区时，主要看当时该地区的基础设施情况，而从最初投资意向、合同利用外资到实际利用外资往往还有一段时间差，因此前期基础设施水平对本期实际外商直接投资的解释意义和影响更大。

第四是对外开放与政策优势。对外开放度是主要的外商直接投资区位决定因素之一。研究发现，进口总额占国内生产总值的比例与外商直接投资间呈现正的关系。李立新和金润圭的研究表明，日韩的外商直接投资与外商出口占总出口的比例间存在正的关系。朴商天的回归分析也表明进出口总额占国内生产总值的比例与外商直接投资间的正的关系。政策优势是吸引外商直接投资的主要因素之一。我国先后规划了各种经济开发区并提供各种政策优惠。Cheng·L.K.的研究表明，经济开发区与外商直接投资间存在非常强的正的关系。Fung·K.C.的研究还发现，美国、日本等国家和地区的外商直接投资与经济开发区也呈现正的关系。Lee·H.S.的研究发现，韩国外商直接投资与经济开发区间也存在正的关系。Fung·K.C.的研究表明，除了经济特区以外，沿海开放城市与经济技术开发区对外商直接投资也发挥正的影响。魏青山和王任飞的研究也指出政策优势的积极作用。

另外还有多种其他因素。多玛格等人认为，市场化程度以及内部改革对外商直接投资的区位决定发挥正面作用。魏后凯关注城市化、地理和经济文化联系的影响。李立新和金润圭利用第三产业占国内生产总值的比例、城镇人口的比例、累计FDI总额等的口径分析聚集因素对外商直接投资区位决定的影响。张海洋分析城市居民人均收入的影响。朴商天等人分析研发能力的影响。邓炜与郑兵云研究基本建设投资的影响。吕贤俊和朱玉杰认为，世界各国（地区）与我国的文化差异对外商直接投资的区位决定具有影响。潘省和潘持春分析制度对外商直接投资区位决定的影响。制度是较广泛的概念，因此利用经济发育程度和市场经济体制完善程度、地方政府的运转和服务效率等变量，研究表明对FDI区位分布具有明显的统计显著性。

第三节　社会文化要素与区域非均衡发展

除了上述的直接经济因素导致地区之间产生差距外，很多非经济因素也会对经济活动产生较大影响，从而造成地区间经济发展水平的不一致。如邹东涛认为，人文社会环境、思想观念的差别以及开拓性人才的培养、发现和任用机制、工作效率的差距是西部地区经济水平和收入水平落后于东部地区的重要原因。王新怀等认为科教文卫事业发展的区域差距和地区间经济社会管理要素水平的差距是区域经济发展差距产生的重要原因。张庆等认为"东西部地区在运用社会资本的程度、范围上也具有很大差异，而这将导致经济发展的不同进程"。杨竹莘、聂彩云在《中国地区差距的测度与演变研究综述》中也认为社会资本（文化资本）对区域经济差异的形成有很大影响。

非经济因素主要包括法律与思想文化方面。法律因素应该分成两部分去分析。一是有没有法律法规。法律法规是一种制度约束。市场经济绝离不开各种规则约束。这其中法律规范是最为基础的，对所有市场主体都有约束性。法制健全与否，直接影响经济活动的合规性。有规矩的地方，经济活动更容易有秩序，人们也更敢于参与活动，于是经济就发展得好。反之，规矩缺失，活动就没有保障，收益也没有保障，也就降低了人们参与进去的热情，相对前者，落后就是自然的了。另一方面则是法律的实施是否到位。法能治，则规矩才真正存在，否则，其实等于没有规矩。经济发展质量的好坏也就这样区分出来了。我国东部地区在经济发展中认识到了法制与法治的重要性，无论在法律法规设置上，还是在法律规范的执行上都基本符合市场经济的要求；而中西部地区在这方面的质量与效率较东部地区是有直观差距的。经济发展差距与此不无关系。

思想观念往往主导着人们的行为方式，虽然不是经济发展的直接原因，但确实从深层次上影响着经济发展。我国西部地区的人们，思想观念相对保守，求平、求稳、安于现状的心态较重。地区建设上满足自给自足，貌似一种放大的自然经济的观念。西部地区的经济活动，偏重向中央要投资、要政策，而风险投资的意识不足。思想观念不能跟上市场经济的要求，则很难准确、及时把握市场的变化，错过很多机会，减缓了前进的脚步。

文化是一个复杂的总体，包括知识、信仰、艺术、法律、道德、风俗，以及人类所获得的才能和习惯。19世纪，罗斯金认为文化就是生活的自我实现；池上惇认为文化是提高互相学习的状态或气氛；山田浩之认为，现代文化经济论所研究的文化就是文化产业，尤其是艺术产业；国际文化经济论会会长索罗斯比认为文化是文化产业，也是社会价值，文化需要四个条件：特定形态，大多数人的遵守，超越时代性，集团性质。文化在不同的社会领域、不同的社会集团以及不同的社会成员身上都呈现具体的、特殊的形态，文化是非常复杂的，并且人类的所有行为都能够形成各种文化。文化与经济有何种关系？为何要解开两者的关系？兰迪斯说："文化才造成所有经济发展的差距。"从现实经济角度看，不可否定文化和经济的密切关系，并感受文化因素逐渐成为经济发展的重要基础，与此同时，经济发展也有助于文化发展。全球化的时代，文化因素在经济发展中所发挥的作用越来越突出，尤其是全球文化的影响和区域文化的作用之间的竞争更加明显。在全球文化覆盖着全世界的同时，为了提高当地的区域竞争力，区域文化或城市文化的表现更加突出。从而，人们越来越关注文化因素和经济发展的关系。

1.文化与经济关系的历史

文化经济论从19世纪开始形成，第二次世界大战以后有了长足发展。文化经济论的若干思想可以追溯到《国富论》，在解释劳动分工的时候提到生活智慧与分工的关系及其创造能力，同时还有艺术的本质并不是模仿，而是创造，并且，其创造性的根源就在于人的本性。进一步说，文化经济论的发展来自工业革命的历史背景，英国的罗斯金认为，古典经济学存在的缺陷是古典经济学认为金钱是经济的基准，经济就等于金钱价值。他还认为，这种基准是破坏人类价值的主要原因，他认为除它以外应该将文化与艺术价值也放在理论分析框架内。他批评当时大部分经济学家的弊端，他说："经济学家将绘画的销售量不包括在他们的研究范围内，由于那些经济学家不了解绘画的真正价值，所以他们无法研究某些财货的价值。"他的基本思想是：只有金钱主义再加上文化价值，才能够提高人类真正的价值和生活价值。物质进步是人类发展的基础条件，但也不可忽视精神进步，他所说的生活既包括日常生活，也包括艺术、教育、环境等。

罗斯金的文化经济论的核心是固有价值论和有效价值论。他将事物的价值分为固有价值和有效价值。他说："价值是生命和生活持续发展的一种力量，文化具有两种价值，最基本的价值是固有价值，其次是有效价值。"例如，面包好吃，这就是面包的固有价值。但是，固有价值还需要其价值的享受能力，只有固有价值加上享受能力，才会有有效价值。有效价值还需要两个前提，第一个前提是可利用性，第二个前提是利用能力。罗斯金说："如果我们不能骑马，马就不会成为我们的财富。"他还强调人和市场间的关系。他批评近代商业主义造成"不是为人的市场，而是为市场的人"，并主张："我们必须认识在社会所存在的固有价值的同时，通过社会协议，积极开发消费者的固有价值的享受能力，并且实施提高享受能力的学习和教育政策，从而，我们要建立固有价值与有效价值相结合的社会体系。"罗斯金文化经济论的时代背景就是以工业革命而造成的非人格化弊端蔓延时期。为了寻找人类真正的发展道路，他认识到文化或艺术的重要性。罗斯金在古典经济学的基础上建立以文化或艺术为核心的新的价值论。他所提出的固有价值和有效价值概念，对以后文化经济论的发展奠定了重要的理论基础。罗斯金的思想产生了很大的影响，莫里斯继承罗斯金的固有价值论，发展了装饰艺术论，并在将实用性与艺术性相结合的同时，提出了生活艺术化的观点。文化是一种历史现象，文化经济论的诞生也是历史的产物，以英国工业革命为历史背景的古典文化经济论也是历史的产物。后来，罗斯金的思想传到了美国并发展成为现代文化经济论。以罗斯金为代表的古典文化经济论重视文化、艺术、生活等，在某种意义上说，这些因素是被古典经济学所忽视的。传统古典经济学在工业革命的时代背景下较重视生产、收入、财政、税收等的问题，罗斯金认为古典经济学只看到了人类发展的一面。到了20世纪，罗斯金的思想发展成为现代文化经济论，与19世纪罗斯金的价值论相比，20世纪的现代文化经济论较重视文化政策与文化产业。文化政策的研究是由英国的凯恩斯掀开序幕。文化政策研究的典型是由凯恩斯所建立的英国艺术评议会。凯恩斯认为，政府是文化政策的志愿者，这就是艺术文化的"自由与公共志愿的共存原则（Arm's length principles）"，这意味着虽然政府积极支援文化活动及文化产业，但是一定要保持一定的距离。后来，此原则成为现代文化经济论的重要理论基础。以文化产业为主的现代文化经济论是由鲍莫尔和鲍恩的实演艺术论开始的。鲍莫尔比较分析一般产业与文化产业的差异，并提出文化产业的特征，就是"鲍莫尔的成本腾跃病"。由于文化产业供给价格的上升速度远高于物价水平，所以文化产业易陷入危机状态。例如，在汽车产业和文化产业互相竞争的时候，汽车产业可以通过提高劳动生产力来降低成本，但是文化产业很难提高劳动生产力，反而还会呈现成本上升倾向，所以，文化产业的供给价格相对较高，这就是"鲍莫尔的成本腾跃病"。鲍莫尔和鲍恩的最大贡献就是发现了文化的一个重要特征，即"文化具有不失去的效用"。他们的理论重点可概括为：实演艺术的产业特性；文化艺术的消费者具有高收入、高学历等的特性，所以艺术消费起到收入再分配的作用，其结论对以后文化政策产生极大的影响；文化艺术具有正的外部性，包括威望价值（Prestige value）、选择价值（Option value）、存在价值（Existence value）、遗赠价值（Bequest value）和教育价值（Education value）等，即文化艺术的扩散效应较大，是一种准公共物品——公共物品的性质加上私人物品的性质。

经历了20世纪70年代的石油危机以后，自20世纪80年代起，世界经济开始进行以柔性生产体系和分权化为特征的产业结构调整。于是，对于以志愿为主的文化政策，一些人提出了疑问，弗雷、颇默瑞等人从制度角度来研究文化政策，他们不仅重视文化艺术的供给者，更重视文化艺术的消费者。皮考克奠定了现代文化经济论的微观理论基础。他的实演艺术活动的实证分析表明，通过学习和教育，消费者的偏好是可变的，并且，他还证明文化消费效用不减的特征，即消费越多，效用越高。这个结论从正面否定了传统微观经济学的偏好理论。池上惇在《固有价值与外部性》这篇文章中，从外部性的角度来研究罗斯金的固有价值论与文化艺术财政志愿之间的关系。他的研究表明，就具有固有价值的艺术原作的财政志愿而言，要是一级文化艺术市场和二级文化艺术市场的关系合理，那么在消费过程中所发生的外部性会扩大二级市场的需求并增加财政收入。因此，为了提高消费者对固有价值的享受能力而增大财政志愿是文化政策的关键措施。

罗斯金的思想传到世界各国，尤其是工业发达国家首先受到了他的影响。严格来讲，罗斯金所研究的文化是狭义的，只是指艺术范畴。自20世纪中期以来，以美国学者为主导的现代文化经济论的研究将文化经济论的领域拓宽了。在涉及文化产业、文化政策等的同时，一般经济学家也开始逐渐重视文化因素在经济理论中的作用。制度经济学及演化经济学（Evolutionary economics）都比较重视文化因素的经济作用。演化经济学认为：人、资源、技术和制度是四种经济因素，它们的相互作用形成变化论，并且，价值判断论影响这四种因素的变化。戈登将制度定义为行为规范，而这些行为规范的基础就是文化。适应经济学（Adaptive economics）以及行为经济学（Behavioral economics）也重视文化因素在经济行为中的作用。适应经济学及行为经济学是心理学与经济学的结合，它批评完全理性假定，而主张有限理性，行为经济学认为，经济行为是有限的，其有限性表现在三个方面：有限理性、有限意志力、有限自身利益。从某种意义上讲，这些"有限性"的背景就是文化,其文化并不是文化经济论所说的狭义的文化,而是更广泛的文化,包括人的心理素质等,复杂系经济学(Complexity economics)解释说经济组织并不是机械的,而是有机体组织。经济学所说的收益递增经济的根源就在于文化特征,尤其是企业组织文化。自20世纪90年代起,网络经济成为经济学家研究的热门。埃克诺米蒂斯认为,网络外部经济的根源就在于网络技术与网络文化产生的网络的互相依赖性。伯特兰、卢特默、穆莱纳桑认为社会网络效应的关键因素就是语言文化。拉泽尔在关于文化和语言关系的研究中发现了语言的趋同现象,少数语言集团具有学习多数语言集团语言的倾向。阿莱西那、菲拉拉认为,信念文化与所得不平衡间呈现正的相关关系,信念较高的区域具有良好的民族构成和高水平的道德以及低水平的不平衡特征;信念较低的区域具有民族问题和较高水平的不平衡。斯塔茨、威廉姆森也认为,信念文化是经济制度的重要因素,且宗教就是信念的重要因素。威廉姆森把文化看成是经济发展的重要因素之一,文化因素影响经济行为,还影响经济选择,甚至影响政治行为。他认为,行为文化具有两个特征,即多样性问题和复杂性问题。由于不同区域都具有不同的文化背景及文化基础,所以行为文化也存在一定的差异,他以日本文化为例来解释文化和经济发展的关系。威廉姆森还认为,文化既是经济发展的手段,也是经济发展的目标,两者是互补关系。

2.文化与经济关系的进一步解释

第一是消费文化与文化消费,包括消费的文化(Consumption culture)和文化的消费(Culture consumption)。前者是消费行为的变化,后者是现代文化经济学所研究的文化产业的消费。消费文化是消费行为的一种形式,包括有形消费文化(行为)与无形消费文化(心理)。有形消费文化是指消费者的购物环境、消费行为等。无形消费文化是指消费意识,例如,环境意识、爱国精神等。消费者在消费过程中必然追求文化含量更高的商品。如果同样价格的商品具有不同的文化含量,那么消费者必然选择文化程度相对较高的商品,并且,对于文化的要求,与男性相比,女性的要求更高。消费的文化直接影响商品的销售量,从而再影响其商品的生产者,最后将会影响经济成果。啤酒公司的文化活动就有助于形成该公司的啤酒消费文化。需要进一步指出的是,20世纪70年代罗马俱乐部的报告书问世之后,环境保护意识的增强促使新的消费文化形成。消费者不愿意购买破坏环境的商品。爱国意识也影响一种消费文化的形成。如果消费者喜欢购买进口商品，那么国内生产者一定会受到不利影响；如果消费者喜欢购买本国商品，那么国内生产者能够积累竞争力，最终是国内的经济增长受到积极影响。但是，文化是自发性的，强制性的文化发挥不了积极作用。文化的消费影响文化产业的发展。文化是一种商品，但同一般的商品不一样，皮考克与鲍莫尔证明文化商品具有边际效用递增以及外部经济效应的特征。文化商品的消费创造模仿效应、外部经济效应。一般商品消费完了，其价值减少，但是文化商品消费越多，其价值以及效用越高。文化消费越多，文化产业越发展。经济发展水平越高，文化产业在国民经济中所占的比重越高，并且还是第三产业的重要组成部分。文化的消费受到两方面的制约：一是文化的供给，二是文化的享受能力。我们生活在全球化时代，可以说文化的供给来源是全世界，但是，由于各国及各地区的文化享受能力不一样，所以文化的消费也不一样，其结果造成经济成果的差异。从消费角度看，文化与经济的关系可以分为两种，消费文化与文化消费，主流经济学理论假设经济人之间不存在消费文化的差异，但是我们在现实经济中经常见到消费文化的差异所导致的消费行为的差异。另一种关系就是文化消费，罗斯金所提出的有效价值也发现文化消费的重要前提就是享受能力，有了享受能力才能提高有效价值，也才能提高文化的商品价值。随着经济社会的发展，文化的范围越来越广泛，文化消费的对象也随之越来越大了。

第二是企业文化与文化企业。从企业来看，文化与经济的关系表现在企业文化（Corporation culture）与文化企业（Culture corporation）两方面。企业文化是企业这一特定社会集团里的人们所共同形成并倡导的群体意识和由此产生的群体行为规范，定义侧重于企业内部组织的性质及其特征。文化经济论所研究的企业文化是企业的对外行为。从这个角度来看，企业文化通过两种渠道影响经济成果。一种渠道是企业文化本身的作用，就是CI（Corporation Identity）。另一种渠道是各种捐款。第一种CI（Corporation Identity）是企业个性或特性。第二种CI（City Identity）是城市个性或特性。为了实现两种CI，企业及城市如何重新配置资源，这既是文化经济论的重要问题，也是文化创造与文化发展的问题。回答就是两种C。第一种C是艺术创造者（Creator），就是文化供给者的大规模培养。第二种C是文化消费（Consumption），就是提高消费者的文化享受能力。企业的文化包括企业本身的文化特征以及企业的捐款活动。企业本身的文化已成为企业管理的重要部分。大量生产体系时代的企业实际上不太重视企业文化，而是更重视标准化、效率、规模经济等的生产方式。柔性生产方式时代的企业也注意规模经济等的传统因素，但更注重的是以个性和特性为基础的文化因素。柔性生产方式要求多样性和个性，它们的根源就是企业文化。某种意义上可以说，传统企业的存在目的就是利润增加，现代企业则更重视社会价值。长兵卫把它称为"企业管理的社会价值创造"，例如，20世纪60年代美国IBM公司的7大管理理念等，都重视企业的社会责任以及社会价值的创造。企业捐款是现代企业文化的另一个特征。企业捐款是一种社会贡献活动。就日本而言，这些组织和活动有1990年日本经团联的"1%俱乐部"、1989年的海外事业活动关联协议会和新日本制铁公司的"新日铁演唱会"等。企业对社会文化活动的捐款是一种志愿，政府也有这种志愿，但是企业的志愿和政府的志愿又不一样。企业捐款是捐款和上税之间博弈选择的结果。虽然现代企业意识到企业还具有社会价值创造的作用，但是企业还是利润追求者。有了资金，才能捐款。企业有了资金之后，博弈选择哪个对企业发挥更大的积极作用，就是上税和捐款的博弈。现代企业当然选择捐款，因为大部分的捐款是免税的，并且还能得到较好的社会评价。不同国家都有不同的捐款形式和制度。例如，法国的企业文化支援组织、美国的艺术支援企业委员会、英国的艺术支援企业协议会等。文化的企业就是文化产业。山田浩之认为，因为文化艺术活动也使用材料与工具，文化艺术作品也有市场价值以及文化的产业化现象，所以艺术、学术和教育也属于产业活动。一般而言，文化产业的要素包括文化劳动者、文化资本、文化管理者、文化消费者、文化环境与文化支援制度等六种要素。文化艺术产品包括以美术品为主的第一类产品、以舞台艺术为主的第二类产品及以影像艺术品为主的第三类产品。文化艺术产品的共同特点就是可复制性。美术品具有非替代品的特征，舞台艺术具有"即时品"的特征。并且，舞台艺术市场具有垄断竞争市场的性质。山田浩之将文化产业分为文化关联产业和文化周围产业。文化关联产业包括教育、文化手段产业、复制文化产业等，文化周围产业包括文化流通产业、文化广告业、体育产业、旅游产业和饮食产业等。文化产业的经济效果如何？全美艺术基金会长列维说："艺术就是个非常庞大的产业，美国的文化产业在国民生产总值中所占的比重已经达到6%了。"据日本文化研究会《关于文化的经济效果的研究》的报告书显示，就日本东京而言，戏院的生产诱发效应为1.88、剧团为1.82、美术馆为1.59、录像带和电影制造为2.04。文化商品的内容也更丰富了，与此同时，商品的文化含量也越来越高，文化产业成为产业结构中不可或缺的一部分。尤其是产业结构越高度化,文化产业的比重越高。

第三是政府文化与文化政策。政府也是经济主体之一。政府在文化与经济的关系中通过两种渠道形成其关系,这就是政府文化(Government culture)与文化政策(Culture policy)。政府文化是一种行政管理文化,文化政策包括文化基础设施的支援和文化产业的支援,19世纪艺术文化支援的主要形式还是以个人捐款为主的。20世纪其支援的主体则是企业和政府。虽然企业和政府支援的主要目的不在于利润追求,但是企业和政府的捐款还是有目的的。其中,企业是为了提高企业的CI,政府则是为了增加社会福利。文化基础设施的支援会产生各种经济效果,如建设效果、管理效果等。建设效果包括调查过程效果和建设过程效果;管理效果包括经济效果、旅游效果、社会文化效果和教育效果等。文化基础设施也包括教育支援,已经有不少实例已证明教育的经济效果。政府的教育财政支援也属于文化基础设施的重要项目之一。教育直接提高劳动力质量,并且,还提高文化享受能力,促进文化消费的质量。文化产业的支援也是文化政策的重要项目之一。20世纪60年代鲍莫尔指出了文化产业和一般产业的不同之处,即文化产业本身并不是追求利润最大化的,所以很容易处于落后地位,如果没有政府的支援,那么文化产业很可能会消失。

3.区域文化与区域经济发展

自从文化经济论诞生以来,关于文化要素对经济发展的研究得以迅速发展。但是。在区域经济发展的研究中,文化要素尚未得到足够的重视。虽然是在同一个国家,但其中每个地区的社会资本存量及水平都不一样。区域文化也是这样,每个区域都有独特的当地文化,因此,在一个国家内也有区域文化差异。因为文化的概念非常广泛,所以每个学者的定义也会不太一样。林毅夫在演讲中指出,文化包含三个层次:第一个层次是生产、生活的工具,国家、社会用什么样的工具、器物来生产、生活。比如吃饭所用的器物不一样,这是器物层次;第二个是组织层次,按照费孝通的定义,包括这个社会里面怎样把个人组织起来,让单独的个人能够结合在一起、在一个社会里面共同生活以及他们之间怎样互动。它包含很多内容,比如政治组织、宗教组织、生产组织、国家机器等;此外还包含一个价值观念的层次。在好坏取舍之间,各个社会的价值观念、行为选择标准都不一样。三个层次不可分割,是一个有机整体。王剑波认为,不同区域之间的文化之所以有差异，首先是因为他们在历史的长河中承续了不同的传统文化，或在承续相同传统文化的过程中各自吸纳了不同的其他文化。李淑芹认为区域文化是指在一定区域范围形成和发展起来的具有自己明显特征的一种文化形态，也是一个国家或者一个民族传统文化中的主体文化的部分。这里所说的主体文化，是指一个国家或一个民族共有的文化。诚然，区域文化的范围只能在国家和民族的区域范围内。路柳提出地域文化或称"区域文化"是一门研究人类文化空间组合的地理人文学科，与文化地理学大同小异。然而，由于在漫长的历史发展过程中，随着年代的日渐久远和人口的不断迁移，景物易貌，疆域也就变得越来越模糊不清了。因此，在涉及地域文化研究中的诸多具体问题时产生歧义也就很正常了。本书认为，区域文化是在地理与历史因素长期的相互作用下，累计形成的区域成员共有的精神与观念，这种区域文化直接影响该区域成员的经济行为。地理因素对区域文化的作用非常明显，由适应不同的生存条件而产生的一系列经验就是区域文化。比如说，沿海区域接触外来文化的机会比较多，因而其文化普遍具有开放性、冒险性、崇商性的结构。内陆区域文化普遍具有封闭性、保守性、崇农性的结构。这些区域文化的开放性或封闭性直接影响到区域经济发展水平，因为在不同的区域，所获得的经验也不一致。在固定区域上，长时间反复累计的经验就会影响区域成员的思想结构。

社会资本一词由布迪厄于20世纪70年代首次提出。他认为社会资本是连接团体成员性和社会网络的一种资源。由于每个地区具有不同水平的社会资本管理，利用同样的自然资本、文化资本也就会产生不同的经济绩效。20世纪80年代末90年代初，科尔曼在其《社会理论的结构》一书中，对社会资本概念做了系统的阐发和延伸。他认为每个人从一出生就拥有三种资本：一是由遗传天赋形成的人力资本；二是由物质性先天条件，如土地、货币等构成的物质资本；三是由自然人所处的社会环境所构成的社会资本。和其他资本形态一样，社会资本具有生产性，它可以使某些目的的实现成为可能，而在缺少它的时候，这些目的便不会实现。社会资本超越了人力资本理论对单纯的个体的研究，扩展到对群体、社会关系进行研究的层面。它是一个共同体中人与人、人与组织以及组织与组织之间长期交往形成的，嵌于社会关系和社会结构之中的，以态度、信任、习俗、惯例、规则、网络、制度等多种形式存在的，被社会结构中的行动者所获得和利用，并为行动者在有目的的行动中提供便利的一种资源。在科尔曼看来，社会资本与其他形式资本的最基本区别是社会资本具有公共物品的性质,创立社会资本的行动,往往为行动者之外的人带来利益,这些搭便车行为降低人们创立社会资本的主观动机,使社会资本成为其他行动的副产品,其出现和消失都不以人的意志为转移。20世纪90年代以来,社会资本研究成为经济学界、社会学界,甚至政治学界等多学科日趋关注的领域。在政治学、社会学、人类学的文献中,社会资本通常涉及一系列准则、关系网和组织,通过这些人们获得有助于做出决定及确切表达政策的权力和资源。经济学家将问题的核心——社会资本的贡献作为经济增长的因素来考虑。普特南认为,区域社会资本的成功积累带来良好的经济体系和高度政治整合,他在对意大利的研究中发现意大利北部许多地方政府的表现都比南部城市好。此外,意大利北部的居民构成的许多自发协会是区域经济腾飞的根本原因,而南部的自发协会极少,提供的社会资本也很少。因此,他认为一个国家内的不同地区具有明显不同的社会资本存量,这意味着每个区域拥有的社会资本都不一样。这种社会资本的差异就带来了意大利产业集群的不同发展水平。后来,许多经济学者在研究硅谷等产业集群的时候,常常采用社会资本的概念来解释问题。

布迪厄指出,资本的根本表现类型有三种,即经济资本、文化和社会资本,在每一类下还可以进一步划分出层次更低的资本类型。文化资本这个观念具有很大的普遍性,要把这种普遍性充分体现出来,实际上应该把它叫作信息资本。它本身的存在形式又有三种:具体化的、客观化的和制度化的。至于社会资本,则是指某个个人或群体,凭借拥有一个比较稳定、又在一定程度上制度化的相互交往、彼此熟识的关系网,从而积累起来的资源的总和,而不论这种资源是实际存在还是虚有其表。布迪厄认为,在不同资本之间的转换中,虽然社会资本、文化资本从根本上和经济资本有密切关系,但是不能完全变成经济资本。按照布迪厄的定义,文化资本是指对一定类型和一定数量的文化资源的排他性占有,如家庭的藏书、听音乐会和欣赏戏剧、参观画廊以及学历、文凭等,语言资本也属于文化资本的范畴。资本作为社会资源的排他性占有,总是凝结着社会成员之间的不平等的社会关系,意味着社会资源的不平等分配。文化资本和其他的资本形式一样,具有顽强的再生产(乃至扩大再生产)能力,它们共同维持着社会的再生产,即现存秩序及其不平等的再生产。文化资本是具有文化价值的财富。文化资本是以财富的形式具体表现出来的文化价值的积累。这种积累紧接着可能会引起物品和服务的不断流动。与此同时,形成了本身具有文化价值和经济价值的商品。财富也许是以有形或无形的形式存在。这种有形文化资本的积累存在与被赋予了文化意义(通常称为"文化遗产")的建筑、遗址、艺术品和诸如油画、雕塑及其他以私人物品形式而存在的人工制品之中。无形的文化资本包括一系列与既定人群相符的想法、实践、信念、传统和价值。那么,社会资本是无形的,因为它存在于人们之间的关系中。文化资本与社会资本最大的不同就在于这一点。

在一个国家内自然资本、生产资本、人力资本存量类似的情况下,每个地区的不同社会资本会带来不同的经济绩效。这种现象在一个地区,甚至在一个城市的不同社区中也能看到。最普遍的例子是普特南关于意大利的研究。结果表明,意大利北部具有良好的社会资本,因此,意大利的产业集群发展得较好。后来,许多经济学者对意大利的社会资本进行了更有深度的研究分析。硅谷也是一个被普遍认为区域经济发展的成功例子。萨克斯尼安从文化的角度分析硅谷兴起和128号公路成败的原因。她在研究中虽然没有提过社会资本理论,但是我们会发现社会资本理论仍然适用于硅谷的发展。从萨克森宁开始,许多经济学者纷纷研究硅谷的文化以及社会资本对其经济发展的作用。此外,还有不少研究试图解释社会资本在区域经济发展中的角色及其作用。

区域文化与区域经济发展有较强的相关性。

首先是区域文化的区域性。从《国富论》开始,被称为经济学者的大部分人研究的就是某一个地区的财富增加及经济发展。但是,所谓主流经济学派的学者着重于分析直接影响经济增长的生产要素投入问题,他们长期忽略了文化与制度等非经济因素的作用。虽然我们直观地知道文化也是一个影响经济发展的重要因素,但却无法确定文化与经济之间的关系。因为文化因素影响经济发展的方式不是直接的,而是间接的。福山指出在关于文化与经济关系研究的文献里,可以发现文化影响经济的4种方式,即对于机构与生产的影响、消费与工作的态度、决策制度与维持制度的能力、社会网络的形成。因此,文化因素影响区域成员的经济行为倾向与生产要素及产品市场的特征。

胡佛与杰莱塔尼依据区位因素(Location factors)的移动可能性划分了四种因素:即区域性投入(Local input)、区域性需求(Local demand)、转移性投入(Transferred input)和外部需求(Outside demand)。本章的区域文化属于第一种区位因素——区域性投入。区域性投入概念与韦伯工业区位理论的特殊区位因子非常相似。虽然他们没有提过区域文化，但是区域文化也具有他们所说的不可转移的区域性。本书认为这种区域文化在该区域发挥它们独特的作用。兰迪斯表示，文化在经济发展中的作用并不总是一致的，他认为经济与文化的关系是呈不确定性的。最明显的例子是，同样的一国文化，为何本国人在国内的经济效率低于海外的本国人的经济效率。这种在相同文化下不同的经济表现使得有人认为，从文化因素出发，是无法预测经济的。本书认为兰迪斯的解释不太合适，因为他没有考虑地理与文化的紧密关系。本书讨论中的区域文化概念比较重视地理与文化的相互作用。从文化的多样性角度看，领土面积不超过1000平方公里的新加坡、帕劳等国家的文化与领土面积广袤的国家的文化有很大的区别。领土辽阔的国家拥有各种各样的区域文化。因此，国家文化与其国家的区域文化不一定是完全一致的。苏文菁认为区域差异是客观存在的、合理的；而区域差距则是"后天"的、消极的。由此可见，区域文化差异是自然环境造成的客观事实，区域经济差距是区域文化差异的现实结果。他认为任何一个区域的协调发展、区域经济的健康持续增长，俱是区域文化的力量。区域文化就是区域发展的内驱力。总之，文化上的差异使人们的观念不同，进而导致了行动上的不同，从而经济上也就有了高下之分。

其次是区域文化的两面性。区域文化是指区域固有的文化特征。文化具有一般性，但是它的一般性要在一定的范围内发挥作用。例如西方文化和东方文化的差异是在不同的空间范围内形成的。文化和空间是不可分割的关系。地理是文化形成的最基本条件，再加上经济的原因和政治的原因，导致不同文化的形成。文化还反馈地影响政治、经济和地理的演变。这些循环过程是我们研究的主线。廖什曾经说过，空间的价值表现在于它的特殊性，空间发挥其特殊性，在文化上表现得更明显。区域文化研究的意义就在于它的外部经济效应。不同的区域文化形成不同的外部经济效应。有些区域文化是开放文化，引进大量的资金、人力和技术，并促进经济的增长。而有些区域文化是封闭文化，其一方面阻碍良好生产要素的引进，另一方面制约没有效率的要素的排出。文化本身是看不见的东西，我们现有的分析方法很难定量化分析文化的作用。即使文化难以定量，我们也不应该忽视它的真实作用。区域文化的外部经济和外部不经济就是区域文化的两面性。经济全球化既是全球文化形成的过程，又是更突出表现区域文化的过程。这种全球文化和区域文化的辩证法，就是经济全球化的另一面，也是区域文化的双层性。经济学一般从经济角度来分析经济全球化，但是实际上经济全球化的根源就是文化的全球化，并且这些文化不是以前的单纯文化，而是已经经济化了的文化，这就是经济全球化下文化因素的经济因素化。

最后是区域文化和区域经济发展的关系。发达区域越来越发达，原因何在？就在于发达区域的文化上。发达区域利用大量资金完善文化设施并促进文化产业的发展，其结果是引进了更多的资金和人才，无论是规模还是质量，都是良好的资金和人才。按照传统的经济理论，资本应该从发达区域移动到落后区域。但是发达区域的资金吸引规模越来越大，原因不在于资本的边际生产递减规律，而在于区域文化。落后区域为何愈来愈落后，发展不起来？重要原因是资本缺乏和劳动力素质低等。但是资本缺乏或者劳动力素质低等的根源何在？我们可以在区域文化上寻找其答案。贫困地区的贫困文化或者文化的贫困就是落后的根本原因之一。贫困文化制约资金的进入和劳动力素质的提高。没有资金和劳动力的高素质，区域发展就无从谈起。这就是"贫困区域文化的恶性循环"。

对于区域文化的差异和区域经济增长或发展，萨克斯尼安比较研究了美国的两个区域：硅谷和128路。20世纪70年代两区域的经济发展令人注目，但自20世纪80年代起两个区域的故事就不一样了。萨克斯尼安从区域优势角度进行比较研究，但实际上她所研究的区域优势的重要根源就是独特的区域文化，如"硅谷区域文化"是开放文化、水平文化、时间文化等。这些文化和新产业结合起来带动了该区域的经济增长。与此相反，128路的区域文化是封闭的、垂直的和权威的。这些文化在以Fordism为主的大量生产体系背景下很有效率，但不适合于以柔性生产体系为主的新产业。萨克斯尼安在最近对于硅谷和128路经济的研究中发现了重要的区域要素。萨克斯尼安认为，以往的区域经济理论无法解释20世纪80年代美国硅谷区域的相对优势。硅谷和128路都位于一个国家内，并且都是技术产业作为主导产业，但是自20世纪80年代起两个区域的经济成果就出现了差别，原因何在？以往的区域经济理论把企业和社会制度以及地方经济制度分开研究，萨克斯尼安认为，这种理论没有办法解释硅谷和128路的区域经济发展差异。一般区域经济研究者从外部经济角度来分析比较优势的根源。他们把硅谷和128路看成地方化经济之外部经济的例子。但是，萨克斯尼安认为，外部经济和聚集经济理论无法解释在128路衰退的时候，硅谷为何聚集而发展起来了。因为外部经济的定义表明企业是个独立的并界限分明的生产单位，所以无法解释企业和地方制度或者地方社会之间不断的交流或者连接。萨克斯尼安从地方产业体系的角度来探讨上述问题,并且明确指出区域文化和区域经济增长的正的相关关系。她认为,企业经过与社会和制度的适应或者交流形成它们的战略或结构。她所说的地方产业体系的概念是指企业内部组织和区域社会或区域制度之间的历史关系。由地方制度和文化、产业结构、企业组织形成地方产业体系或者区域产业体系。地方制度包括公共的和非公共的,前者是指大学、企业协会、地方政府等,后者是指爱好俱乐部、专家组织、研讨会等的相互交流形式的各种社会组织。这些制度形成地方文化,同时地方文化也影响这些制度的发展。区域文化不是静态的,通过社会的互相交流,其性质也在不断地改变。产业结构主要包括劳动的社会分工、消费者、供给者和竞争对象等。以往的区域经济研究大都集中于区域产业结构研究,而忽视产业结构和另外两个部门之间的相互作用。企业的内部组织包括水平组织和垂直组织、集中和分散、企业内部责任分担等,这三个组成因素密切地联系在一起。例如,区域文化是个非常关键的因素,但是区域文化无法单独解释区域产业体系。这三个组成因素的相互作用就决定了区域适应能力,或者区域优势。我们注意到,萨克斯尼安特别强调区域文化在区域产业体系中的作用,尤其是非公共部门的作用。新产业的许多技术人员在非正式场合上获得很多的信息、建议等。这些区域文化的积累就是区域经济增长的动力。128路未形成这些文化,最终就衰退了。

自20世纪90年代以来,对于文化和经济的关系,有关的研究越来越多。文化不仅仅是享受对象,更重要的是,文化促进经济发展,经济发展也反馈文化的发展。

4.区域文化与区域经济发展的类型

一是信任型区域文化与区域经济发展的关系。区域文化对经济发展的影响中,采用社会资本概念,因为社会资本是最会反映区域文化的资本类型,而且它本身没有人力资本与物质资本所具有的那么强的流动性,它的区域性是非常强的。随着市场经济的发展,人们之间的信任结构越来越复杂。经济行为主体也愈来愈多,现代人必须凭借对信息的全面知晓来判断对方是否值得信任。根据交易双方对信任的掌握程度,信息分布通常可分两种状态:信息对称和信息不对称。如果交易双方对与交易相关信息的掌握完全相同,任何一方都没有独占的私人信息,则信息分布是对称的;否则信息分布是不对称的。信息不对称容易导致"逆向选择"以及"道德风险"问题，使信用缺失现象屡屡发生，从而破坏市场均衡，降低市场运行效率。帕萨·达斯古普特分析社会资本时，把信任的概念当作道德品质。他认为与没有信任的对方交易时，对方的信息是很难观察到的，这种状态可以说是一种道德危机。

人们普遍认识信任是一个社会经济构建和运作的润滑剂。从市场经济的角度看，如果一方不守信用，利益就会失衡，交易关系就会遭到破坏。在实际经济活动中，交易双方总是在一定程度的信息不完全状态下进行交易的，信息不对称的程度越大，交易双方所承担的风险概率也越高。因此，交易双方在市场交易中，要避免这些风险，需要一些可靠的保护制度及政策。本书认为成熟和发达的市场也不能完全剔除信任危机，但是可以为市场的经济主体提供适当的保护。而不完善的市场更易引发不守信用的经济行为。总的来说，信任是市场经济发展的根本要求，也是市场经济成熟的重要标志。

福山、科尔曼、普特南等诸多学者从社会资本角度研究信任问题，认为信任是社会资本的一种特定形式，并强调信任这种社会资本形式在经济与社会发展中的独特作用。福山认为，由于文化的差异，不同社会中的信任度相差很大。福山在《信任：社会道德与繁荣的创造》一书中认为，社会资本的形成往往受到民族文化、历史遗产、风俗习惯、宗教传统和区域发展因素的影响。企业增值的一个重要条件是组织内部共同合作的能力。在企业中，没有企业内部员工之间的相互信任，缺乏共同的沟通基础，没有共享的技能知识，就没有共同合作的基础。没有合作也就没有发展。因而，区域内部的信任程度与团结协作也有密切的关系，也会影响区域产业的生产方式和生产率。

科尔曼在《社会理论的基础》中借用经济学的理性选择理论与方法，主要是理性经济人的假定与成本、效益的分析方法来研究信任问题。他假定了行为者不仅是理性的、不受规范约束的，而且是纯粹追求自我利益的，利益是行为者的目的，是行为的驱动力，效用最大化的合理性推动着行为者的行为。因而利益被看成是所有解释的最终来源。因此，科尔曼在研究信任时，强调了即时的利益以及委托人与受托人的成本、效益的计算在信任形成与发展中的作用。认为社会资本包括信任关系、规范、权威关系、信息网络、多功能社会组织、有意创建的组织等多种形式，着重强调了信任是社会资本的一种形式。普特南在《使民主运转起来：现代意大利的公民传统》中，将社会信任等社会资本作为社会组织的特征，研究它如何促进民主治理以及经济的繁荣。

20世纪80年代以来，我国学者局限在"诚信"层面的研究，诚信主要是从伦理学的角度，在道德层面上来研究。直到20世纪90年代，有些学者才开始在社会层面来关注信任问题。彭泗清在研究中国人的信任行为时强调以下两点。首先，信任不只是个体的心理和行为，更是一种与社会文化环境密切相关的社会现象，应该将信任放在社会关系中来理解和研究。其次，信任也是一种历史现象。随着社会的发展，信任的构成和产生信任的机制会发生变化。信任行为的这些特点决定了对它的探讨适宜于采用本土研究定向，即在中国特定的"历史、社会、文化"框架下来进行研究。他提出了一个"关系—信任模型"，以说明现有关系状况、人际信任和关系运作三者之间的关联。他的研究结果中值得关注以下内容。第一，信任的核心意义是相信对方的言行在主观上和客观上都有益，至少是不会伤害自己的利益。第二，信任程度与人际关系的密切度成正比，也就是说，关系越密切，信任程度越高。但是关系并不是影响信任大小的唯一因素，人们的信任行为存在事件区分性，即对同一个人在不同事件上的信任程度显著不同。第三，人们可以通过一定的方法来增加他人的可信程度，发展与他人之间的相互信任。关系运作是建立和增强信任的重要机制。关系运作不仅包括利用关系网或请客送礼等工具性色彩较强的方法，而且还有相互尊重、交流思想感情等感性色彩较强的方法。不同的关系运作方法有不同的适用范围。在长期合作关系中，加深情感的关系运作方法较受重视，而在一次性交往中，利用关系网或利益给予的关系运作方法较受重视。此外，在经济合作关系中，为了增强信任，人们除了进行关系运作之外，还会采用法制手段。关系运作和法制手段两者可以共存。柯荣住等也分析了我国内地各省份人均GDP水平与信任度相关，且信任度随收入水平的提高而提高。

二是开放型区域文化与区域经济发展的关系。在社会资本理论中，与"信任"相比，"开放"的作用比较少提，而且几乎没有详细解释。但是，社会资本的有些分类包括开放的概念。伍尔科柯把社会资本分为四个因素，两个微观层次的因素是内部团结和向外部世界的开放，另外两个宏观层次的因素是广泛的社会根源和组织的完整，他认为社会资本存量决定于这四个因素的均衡。比如，网络密集的封闭社会就会遇到许多社会问题。与此相反，网络不密集的开放社会发展得较好。伍尔科柯、纳若彦将社会资本划分为纽带、桥梁、联系、社会资本。其中，桥梁社会资本概念与开放有密切关系。按照普特南的社会资本定义，桥梁社会资本具有包容性，而纽带社会资本具有排外性。他认为，为了建立良好的桥梁社会资本，要区别外部人和自己人。由此可见，纽带社会资本倾向于保守，和外部世界沟通得不好，而桥梁资本倾向于开放，和外部世界沟通得较好。因此，本书认为这种社会资本对区域开放的影响不可忽略。

改革开放以来，我国实行对外开放政策，主动将我国的经济与国际经济有机地联系在一起，有意识地参与世界经济区域化和一体化的进程。其结果是，我国经济持续快速发展。我国经济改革取得了很大的成功，其原因固然是多方面的，但最根本的是我国打开了大门，目光转向了外部世界。开放与经济增长的关系在我国区域经济发展中能得到很好的验证。分析有关统计资料不难发现，我国目前的区域经济增长与区域开放之间存在明显的正相关关系。对外开放度越高的区域，人均GDP水平也越高。而由于我国领土辽阔的缘故，加之不同地区的区位优势差异明显，各省区开放程度和发展水平存在一定的不同。

三是合作型区域文化与区域经济发展的关系。在市场经济条件下，主流经济学一直强调竞争而忽视合作。黄少安提出，巴师夏、穆勒等著述中论述过协同、合作或和谐的经济，现代博弈论也论及了"合作"。但是，已有的经济学已经把人类经济活动的竞争解释得很充分了，相对而言，合作在经济学中远没有获得与竞争同等的关注和研究，对合作的解释、描述显得非常不足。社会资本的关键特性是促进联合成员为共同的利益而进行协调与合作。依据普特南的社会资本理论，合作和团结的倾向决定集体行为。科耐克、科菲对29个国家的研究表明，信任和合作对人均GDP的增长发挥着积极的影响力。在社会资本理论中，信任与合作是核心概念。国外不少学者进行了关于信任与合作关系的研究。盖切特等人通过社会间的比较，实验在公共物品博弈中的信任与合作倾向。盖切特等人进行关于信任与自愿性合作的研究，发现信任对合作发挥积极影响力。他们的研究结果均表明合作来自相互信任，而基于社会资本进行的研究，大部分讨论的是在个人层次上的合作。

双方间的合作关系先要相互信任与相互开放。两个条件具备之后，才会有良好的合作关系。因此，一个地区的信任区域文化、开放区域文化会影响合作区域文化。那么，合作区域文化怎么影响区域经济发展呢？本书认为区际合作、区际分工或区际贸易可以解释合作区域文化的作用。在领土辽阔的我国，不同地区的生产要素分配存在着差异性，使得处于不同地区间，经济活动和产出水平存在着差异，不可能完全满足各地区市场的需要，从而使区际分工合作成为必然。我国作为一个由计划经济体制向市场经济体制转型的国家，区域开放的进程也呈现出与众不同的特点。一般市场经济国家，区域开放的次序是先对国内其他地区开放，然后对国外开放。前一个层次叫区际开放，后一个层次叫国际开放。我国的区域开放在顺序上是区际开放和国际开放两个层次同时进行。但是，也应该看到，新的经济体制的建立不仅仅是经济方式的变化，也必然要引起人们思想观念的变化。为了发展市场经济，需要的三种区域文化，即信任、开放、合作。如前所说，这三个概念来自社会资本的基本概念。区际合作的原因是从经济状况来看，各区域在地理位置、资源状况、要素水平、产业及产品优势等方面一般也存在较大差异。区际合作不但制约资源的空间配置效率，而且也影响区域之间的经济利益格局。再者说，区际合作是区域间的经济联系，包括区际贸易和区际分工。区际贸易是国内不同级别行政区域之间所进行的贸易。郝寿义教授等在《区域经济学》中认为区际贸易是一种与国际贸易相似，而又有不少差别的贸易。它们的主要差别表现在：与发生于国家之间的国际贸易相比，区际贸易发生在不是独立政治单元的区域，因而是在没有制度背景的差异下进行的。即使一国境内某些地区存在一些特殊的政策，其大背景仍然是相同的；在理论上，区域是一个不存在关税壁垒的开放系统，使用共同货币使得区际贸易不存在汇率障碍，所以区际贸易要比国际贸易简单而密切。随着区域分工的加深，区际贸易必然日益频繁。区际贸易的加强即市场范围的扩展，是分工发展的必要条件。

第八章 交易效率与区域经济差距

分工水平代表了经济发展水平，分工水平越高，经济水平也就越高。由此可知，提高交易效率可以通过提高分工水平来促进经济增长，交易效率是提高经济水平的核心因素。因此可推知，我国不同地区存在的不同交易效率水平是这些地区间产生经济水平与收入水平差距的重要因素。

第一节 交易成本的提出与概念

现代经济生活的最大表现是交易活动的发生与发展。任何活动都要有投入，交易活动的发生同样要付出成本。交易成本也就成为新制度经济学研究的核心概念。研究中我们发现，交易成本的概念被界定的式样很多，最早提出并分析交易成本的是罗纳德·科斯，1937年在其发表的《企业的性质》一文中认为，市场运行或者说市场来配置资源也是有成本的，也就是"使用价格机制的成本"（Coase，1937），这种成本即为交易成本。德姆塞茨认为是"交换所有权的成本"（Demsetz，1968）；阿罗1969年提出，交易费用是经济制度的运行费用（Arrow，1969）。阿罗的学生威廉姆森对推动交易费用理论起了关键作用。在1975年发表的《市场与等级结构》和1985年发表的《资本主义的经济制度》中，他认为交易成本是"经济系统运转所要付出的代价或费用"（威廉姆森：《资本主义经济制度》，商务印书馆2002年，32页）。他将交易费用分为两部分，即事前的与事后的。威廉姆森实质上是将"交易"的概念进行了细化，因此能对交易成本的影响因素做全面分析。诺斯认为是"订立和实施作为交易基础的合同的成本"（North，1981）。巴泽尔从产权的角度将交易成本定义为"转让、获取和保护产权有关的成本"，也就是个人交换其所有资源的所有权，并确立自己对资源所有权的排他权的投入或费用。这样，对交易成本的理解和计算就比较复杂，并且不容易看出其与经济增长的直接关系。而分析与其密切相关的交易效率概念，可以更方便地看出交易活动的数量、质量与分工水平、经济增长间的关系。

交易成本或交易费用是新制度经济学的核心概念。1937年罗纳德·科斯在《企业的性质》一文中首创了此概念，威廉姆森等将其内涵不断丰富与发展。交易成本概念的提出十分有新意，但在随后的使用上却有较大问题。先是在科斯《企业的性质》发表后的20年中，较少人去继续研究此概念。后来随着新制度经济学的发展，又出现了对交易成本的使用较为随意的问题。究其原因，主要在于对其概念界定的不确定性。

交易成本从字面上可见即是对交易活动的投入或交易活动过程中的一种耗费。成本作为投入或耗费，容易解释，而"交易"的内涵则相对较为复杂。

最早使用"交易"概念的可以追溯到古希腊的亚里士多德。其关注的是"交易"可以"致富"，是三种"致富技术"（畜牧业、矿冶、木材采伐）之一。同时，又将"交易"分成三类贸易，即商业贸易、金融货币贸易（贷款取利）和雇佣劳力。他想说明的依旧是此三类贸易可以带来财富。显然，这里的"交易"概念还十分不完善，经济学意义上的交易概念应从制度经济学家康芒斯的分类说起。他首次将"交易"这个概念进行了经济学范畴的一般化说明。他认为"交易"作为人类经济活动的基本单位，制度经济学的最小分析单位，指的是人与人之间对物的所有权转移（让渡和取得）的关系，分成三种类型：买卖的交易（Bargaining transaction）、管理的交易（Managerial transaction）与限额的交易（Rationing transaction），后两项主要指企业的交易与政府的交易。新制度经济学家们又将上述思想进行了深化和一般化的研究。如威廉姆森认为：当一项物品或劳务越过技术上可分的结合部而转移时，交易就产生了，由此，工人与工人间的合作也可以被视为交易了。

可见，各种交易或交换活动中的交易概念，虽然看起来只是动作的一个瞬间，实际上却包含了动作前后的全过程，这才能保证交易活动是最终确定发生的。包括：交易前对交易对象信息、交易方所属行业部门信息的了解、谈判，交易后对交易成果的贯彻、保护、监督等。

第二节　交易成本到交易效率

1.交易效率的提出

交易成本是一个内涵十分丰富的概念，前文也说到过，其概念的定义还在一个发展的过程中，定义尚且不确切，其度量也就难以精确。另外，定义中许多耗费并不能精确到用钱来度量，比如排队的时间，信息的搜索对资源的耗费。因此，新制度经济学家通常采用间接的估测办法。如North与Wallis计算交易部门发生的费用。德姆塞茨用买入与卖出的价差来估算。张五常则估计到，富裕国家的交易费用要占国民收入的一半以上。可见这种估测可以明确交易成本的存在与对经济运行的重要作用，但很难做到精确化。

直接去计量精确的交易成本是有困难的，也就是投入资源的种类与量较难计算。但是我们也会发现，这种投入的产出结果是比较直观可见的。因为同样一个交易事件，如果交易成本不一样，交易的结果也就不一样。假如A地到B地的道路条件很好，C地到D地的道路条件不好，则从A到B运输的商品就会比从C到D运输同样商品能更快更早地到达。再例如，A地法规完善，B地不如A地，则在B地因纠纷而寻求法律解决时，所得到的平均结果就不如A地公正。总之，我们会发现，关注交易活动的结果比关注对交易活动的投入有更好的形象感和可度量性（可以看结果的多寡或速度）。根据赵红军的研究，我们可以给出交易效率的一个定义：一区域一定时间内完成交易活动的速度越快，产生的结果越多，质量越好，则交易效率越高，反之则相反。如赵红军在其《交易效率、城市化与经济发展》一书中所举的例子：20世纪90年代中期，在莫斯科注册一家企业的时间为81天，而在华沙只需要23天，简单的可计算说，在华沙完成企业注册这个交易活动的效率是莫斯科的3.75倍。

投入与成本是正比关系，而效率与投入则是反比关系。投入越大，成本越大，效率却越低。因此可知交易效率与交易成本也是反比关系，设其为1/交易成本。这样，模型化交易效率只需把模型化的交易成本取其倒数即可。

德姆塞茨曾将交易成本的度量认为是供求双方都未得到的部分。设需求函数与供给函数为：

$P_D = a - bQ$ $P_s = c - dQ$

P_D为需求价格，P_s为供给价格，Q为供求数量，设TC为交易成本，则

$TC = P_D - P_S = a - c - (b+d)Q$

设交易效率为TE，$TE = 1/TC = 1/[a-c-(b+d)Q]$

市场均衡的供求数量$Q_e = (a-c-1/TE)/(b+d)$

Q_e对TE的一阶导函数$= 1/(b+d) \times 1/TE > 0$，说明以TE为变量的$Q_e$函数单调增加，随着交易效率TE的上升，市场交易量也会上升。

当 TE<1/(a-c) 时，Qe<0

说明交易效率低到一定点时，市场无交易。这些与经济现实或交易成本理论都是吻合的。

萨缪尔森在分析交易活动的投入时提出了著名的冰山交易费用（Iceberg transaction cost）。他认为，一个人购买一单位商品时，他实际得到的只有k（k<1）单位，即花一元钱购买商品时，实际得到的是k元。1-k部分就是交易费用，而k可被视为交易效率。

2.交易效率与经济增长的关系机制

分工问题很早就被关注，斯密、杨格、马歇尔等经济学家都对其做了深入的分析。分工演进一直也被理解为经济增长与发展的重要方面，这是不争的事实。分工是一种生产、操作的分离与独立，包括部门间分工（社会分工）与部门内分工。部门间分工也就是社会范围内的职能分类，表现为职业种类数的增加。部门内分工即行业内或单个企业内的职能分类，表现为生产步骤等的增加。分工水平是经济发展水平的重要标志，或者说分工是促进经济水平提高的重要方面，是由于分工会带来巨大的好处。亚当·斯密在《国富论》的第一章就列举了分工的三大好处，分别是：①可以提高劳动熟练程度；②可以节约工作转化时间；③有助于促进技术进步。现在来看，除了这三大好处外，更多地可以看到分工带来的网络效应而促进经济增长。从需求的角度看，部门间分工增加了职业种类数，这也就是专业化程度加强。人们更注重将劳动、智力专注于更少的工作种类上：生产越来越少种类的商品。由于人们生产生活的消费是多样性的特点，这种专业化程度越来越高的生产无法靠自身的生产获得多样化的产品，因此人们会增加对别人生产产品的需求。这就是分工水平越高，产生的需求越大。从供给的角度看，分工的扩大所导致的专业化程度的提高，使人们能专注与越来越少种类最终产品或中间产品的生产或加工，这样所需的知识和技能种类也越来越少，人们可以在一种或几种知识上花更多的时间学好、学精，或操作过程更为熟练，从而提高了生产效率。亚当·斯密在《国富论》开篇所举的制钉厂例子，就是分工提高专业化程度从而提高生产、供给效率的很好佐证。同时，分工水平的扩大可以促进新产品的产生，并因此扩展交易种类，这也是一种网络效应。可见，分工通过提高专业化程度，会形成网络效应，大大促进经济水平的提升。

那么分工是如何产生，分工水平又受何种因素制约呢？我们从上文分工的定义可见，其是一种生产、操作的分离与独立。这种分离与独立状态的得到确定需要分离且独立后的双方可以通过买卖或交换（交易）紧密联系起来。没有这样的联系，这种独立是无法确立的。因为人要存活在世上，消费的需求即使很少也是多样性的，古语说，出门七件事，柴米油盐酱醋茶，说的就是这个道理。专业化是人们从事生产的种类越来越多，此时如果从事不同产品生产的人们间不能正常交易，则每个人都无法存活或只能选择自给自足的多样化生产。由此可见，分工要顺利产生并确定某种分工水平，就必须保证交易活动的顺畅。而每一个活动的发生发展都可以用成本收益法来看待与解释，只有收益大于成本，人们才会从事这项活动（收益不一定是钱，可以为效用）。交易活动也是如此，有从事的成本和效益。只有交易活动的收益大于此活动的成本，交易活动才会顺利发生。因此，交易活动的成功性或效率就简单可由该交易活动发生的成本（交易成本，倒数为交易效率）来决定。交易成本越大，交易活动越难开展，则专业化生产程度与分工水平越难扩大，经济增长就越难以实现。反之，交易成本越小，交易效率越大，交易活动也就越容易开展，则专业化程度，分工水平的提高都容易实现，经济水平自然提升。

而分工的产生与分工水平受到什么因素限制虽然看起来是两个问题，但事实上，分工水平受到限制的因素就是使新分工无法产生的因素，这还是在探讨分工产生的原因。因此，可以这样认为，分工水平的受限因素也是分工产生的因素，甚至是更重要的因素。亚当·斯密在《国富论》中以市场范围作为分工受限的因素，并举了大量事例。特别是水路运输因为比陆路运输节省大量成本，因此使远距离的两个市场可以发生运输、交易的事例让我们清晰地发现，交易条件的改善，可以减少交易活动中的成本，提高了交易效率，从而使不能发生交易的两地连成了更大范围的市场。交易活动扩大，分工水平就扩大，经济水平也就提高了。

这让我们看到了一条清晰的线：交易条件变化——交易效率提高——市场范围扩大——分工水平扩大——经济水平提高。

交易效率通过影响分工水平来影响经济水平。

在对地区间经济发展与收入差距的成因分析中，理论工作者已经做出了很大成就。对各种可能的影响因素都做了深入分析，力求找到更本质的成因，提出对策，缩小差距。但分析中，我们也看到，单个因素的解释力依然不足，说明还没有触及核心。本书在分析现有成因的基础上，提出交易效率的分析视角，力求解释力的深入，从而找到合适的对策，缩小地区间的收入差距。

3.交易效率成为产生区域经济差距的重要因素

前文的要素分析都是从某个方面进行的探讨，要么力图证明其中某个因素是较为主要和深刻的；要么就是将其中几个因素进行组合，认为问题的产生是多因素共同作用的结果。而这些原因不能说没有分析出联系，但确实无法看到更紧密的联系。作者认为，上述的成因分析没有深入到更深刻的程度，从而割断了其中的联系。本书希望基于新兴古典经济学相关理论进行超边际分析，找到一个更深刻的原因，从而不仅更清晰地认识该问题，还可以将上述因素归纳到一个体系中，更好地解释和解决地区间的收入差距。

新兴古典经济学试图复原古典经济学的思想（如亚当·斯密的思想）：为什么一个国家比另一个国家更加富裕？分工如何能够减少资源的稀缺性，使一个社会变得更加丰裕？因而认为，分工水平决定经济发展水平，分工水平则依赖交易成本的高低。交易成本越低，分工水平越高，经济发展水平与人们的收入水平就越高；反之则相反。因此可推知，交易效率的差别是地区间收入水平出现差距的深刻原因。

在新兴古典经济学理论中，认为分工与自给自足都是一种组织结构，随着交易效率的变化而变化，因此，模型中没有消费者与生产者的事前分工，每个人都是消费者—生产者的集合。同时，假定这个集合是一个数量为M的连续统，此意味着人口规模很大以规避分工中的整数问题。

假设每个消费者—生产者都有如下的效用函数：

$$U=(x+kx_d)(y+ky_d)(z+kz_d)$$

其中x, y, z是三种产品的自给数量，x_d, y_d, z_d是三种产品从市场的购买量。K代表一种外生交易效率，$0<=k<=1$。

每个消费者—生产者面临的生产函数与劳动禀赋约束条件可以写为：

$$x+x_s=l_x^a \quad y+y_s=l_y^a \quad z+z_s=l_z^a \quad a>1$$

$$l_x+l_y+l_z=1$$

x代表自己生产并自我消费的数量，x_s代表x产品的售卖数量，l_x表示一个人用于生产x产品的劳动份额。也就是把全部劳动1中的l_x部分用于生产x产品。所以，l_x可以表示生产x产品的专业化水平。y_s, z_s, l_y, l_z, y, z, 依例可见，含义相同。

每个消费者—生产者面临如下的预算约束：

px×xs+py×ys+pz×zs= px×xd+py×yd+pz×zd

其中，px py pz代表三种产品的单价。xs ys zs代表三种产品的售卖量，xd yd zd则代表从市场上的购买量。等式左边可以看成售卖收入，而右边则是支出。

由此可知，x，y，z，xs，ys，zs，xd，yd，zd，lx，ly，lz>=0。其中，x，y，z，xs，ys，zs，xd，yd，zd彼此独立，每一个都可以取零和正值，因此可以有39种组合。进行超边际分析需要对每种组合进行边际分析找到最优解。但是39种组合太多，不可能一一分析，需要借助文定理（Wen，1998）进行简化，排除不可能组合。文定理认为，最优决策不会卖一种以上的产品，不会同时买卖同种产品，不会买和生产同种产品。那么与文定理相适应的组合可以形成三个模式12种组合，10种结构（见表8.1）。

表8.1 模式

模式一：自给自足	结构A		自给自足xyz三种产品	由图8.1（1）表示
模式二：半专业化	结构B_{11}	xz/y	自己生产xz，卖x，买y	由图8.1（2）表示
	结构B_{12}	yz/x	自己生产yz，卖y，买x	同上
	结构B_{21}	xy/z	自己生产xy，卖x，买z	由图8.1（3）表示
	结构B_{22}	yz/x	自己生产yz，卖z，买x	同上
	结构B_{31}	xy/z	自己生产xy，卖y，买z	由图8.1（4）表示
	结构B_{32}	xz/y	自己生产xz，卖z，买y	同上
模式三：完全专业化	结构C_1	x/yz	自己生产x，卖x，买yz	由图8.1（5）表示
	结构C_2	y/xz	自己生产y，卖y，买xz	同上
	结构C_3	z/xy	自己生产z，卖z，买xy	同上

（图中的箭头如表中所列表示售卖方向）

将上述模型中的约束条件代入效用函数形成间接效用函数，利用其求出每个结构的最大化效用，得出角点解，见表8.2。

表8.2 模型解

结构	角点需求	角点供给	自给数量	专业化水平	间接效用函数
A	0	0	$x=y=z=1/3$	$l_x=l_y=l_z=1/3$	$U=3^{-3a}$
B_{11}	$y^d=p_x/p_y \times 1/2 (2/3)^a$	$x^s=1/2 \times (2/3)^a$	$x=1/2 \times (2/3)^a$, $z=(1/3)^a$	$l_x=2/3$, $l_y=0$, $l_z=1/3$	$U=k \times (p_x/p_y) \times 2^{(2a-2)} 3^{-3a}$
B_{12}	$x^d=p_y/p_x \times 1/2 (2/3)^a$	$y^s=1/2 \times (2/3)^a$	$y=1/2 \times (2/3)^a$, $z=(1/3)^a$	$l_x=0$, $l_y=2/3$, $l_z=1/3$	$U=k \times (p_y/p_x) \times 2^{(2a-2)} 3^{-3a}$
B_{21}	$z^d=p_x/p_z \times 1/2 (2/3)^a$	$x^s=1/2 \times (2/3)^a$	$x=1/2 \times (2/3)^a$, $y=(1/3)^a$	$l_x=2/3$, $l_y=1/3$, $l_z=0$	$U=k \times (p_x/p_z) \times 2^{(2a-2)} 3^{-3a}$
B_{22}	$x^d=p_z/p_x \times 1/2 (2/3)^a$	$z^s=1/2 \times (2/3)^a$	$z=1/2 \times (2/3)^a$, $y=(1/3)^a$	$l_x=0$, $l_y=1/3$, $l_z=2/3$	$U=k \times (p_z/p_x) \times 2^{(2a-2)} 3^{-3a}$
B_{31}	$z^d=p_y/p_z \times 1/2 (2/3)^a$	$y^s=1/2 \times (2/3)^a$	$y=1/2 \times (2/3)^a$, $x=(1/3)^a$	$l_x=1/3$, $l_y=2/3$, $l_z=0$	$U=k \times (p_y/p_z) \times 2^{(2a-2)} 3^{-3a}$
B_{32}	$y^d=p_z/p_y \times 1/2 (2/3)^a$	$z^s=1/2 \times (2/3)^a$	$z=1/2 \times (2/3)^a$, $x=(1/3)^a$	$l_x=1/3$, $l_y=0$, $l_z=2/3$	$U=k \times (p_z/p_y) \times 2^{(2a-2)} 3^{-3a}$
C_1	$y^d=1/3 \times p_x/p_y$, $z^d=1/3 \times p_x/p_z$	$x^s=2/3$	$x=1/3$	$l_x=1$, $l_y=0$, $l_z=0$	$U=k^2 \times (p_x^2/p_y p_z) \times 3^{-3}$
C_2	$x^d=1/3 \times p_y/p_x$, $z^d=1/3 \times p_y/p_z$	$y^s=2/3$	$y=1/3$	$l_x=0$, $l_y=1$, $l_z=0$	$U=k^2 \times (p_y^2/p_x p_z) \times 3^{-3}$
C_3	$x^d=1/3 \times p_z/p_x$, $y^d=1/3 \times p_z/p_y$	$z^s=2/3$	$z=1/3$	$l_x=0$, $l_y=0$, $l_z=1$	$U=k^2 \times (p_z^2/p_x p_y) \times 3^{-3}$

帕累托最优角点均衡就是人均真实收入最大的角点均衡。因此，求解一般均衡分为两步：一是解出每个模式的角点均衡，即利用同一模式下个人效用相等和市场出清条件解出贸易产品的相对价格和选择该模式的人数；二是比较个人在角点均衡价格下不同模式的效用水平（人均真实收入），从而确定一个参数子空间，使得在该参数子空间里第一步解出的角点均衡为一般均衡（也就是在此角点均衡下，没有人愿意改变模式）。

由上文解出的角点解我们可知，一个人选择半专业化结构B_{11}，必须是$UB_{11}>=UA$且$UB_{11}>=UB_{12}$------$UB_{11}>=UB_{32}$，如此，可解得，选择半专业化的条件是：

k>k0=22−2a且px/py=px/pz=py/pz=1

同理可得选择专业化模式的条件是：

k>k1=2（2a−2）3（3−3a）且px/py=px/pz=py/pz=1

另，根据市场需求等于市场供给（My为生产y需要的x的人数，Mx为生产x的人数）

$X^d = M_y \times x^d = X^s = M_x \times x^s$

可以计算出各个模式的角点均衡,见表8.3。需要说明的是,间接效用函数代表一个结构的效用最大值,而此表中的人均真实收入是一个间接效用函数的角点均衡值。

由存在性定理和二步法可知,随着交易效率的改进,分工逐步从自给自足发展到半专业化再到完全专业化,一般均衡也从自给自足的角点均衡跳到半专业化再到专业化的角点均衡。所以,一般均衡解是随着交易效率的变化而变化的。

表8.3 角点均衡

模式	相对价格	专家人数	商品数量	人均真实收入
A			$x=y=z=3^{-a}$	3^{-3a}
B_1	$p_x/p_y=1$	$M_x=M_y=M/2$	$x=x^s=x^d=y=y^s=y^d=1/2\times(2/3)^a$ $z=(2/3)^a$ $z^s=z^d=0$	$k\times 2^{2a-2}\times 3^{-3a}$
B_2	$p_x/p_z=1$	$M_x=M_z=M/2$	$x=x^s=x^d=z=z^s=z^d=1/2\times(2/3)^a$ $y=(2/3)^a$ $y^s=y^d=0$	$k\times 2^{2a-2}\times 3^{-3a}$
B_3	$p_y/p_z=1$	$M_y=M_z=M/2$	$z=z^s=z^d=y=y^s=y^d=1/2\times(2/3)^a$ $x=(2/3)^a$ $x^s=x^d=0$	$k\times 2^{2a-2}\times 3^{-3a}$
C	$p_x/p_y/p_z=1$	$M_x=M_y=M_z=M/3$	$x=y=z=x^d=y^d=z^d=x^s=y^s=z^s=2/3$	$k^2\times 3^{-3}$

4.超边际比较静态分析

从上节对模型角点均衡解与一般均衡解的分析不难发现,一般均衡解会随着交易成本的变化在各个参数子空间非连续的跳跃。当交易效率$k>k0=2^{2-2a}$时,分工就可以从自给自足状态发展到半专业化,一般均衡也就离开自给自足时的角点均衡选择半专业化的角点均衡作为新的一般均衡;当交易效率$k>k1=2^{(2a-2)}3^{(3-3a)}$时,分工发展到完全专业化水平,完全分工的角点均衡就成为新的一般均衡。这种参数值在不同的参数子空间移动,使一般均衡在不同的角点均衡间不连续跳跃的分析方法即为超边际比较静态分析。从此分析中可知,一个区域内交易效率高低通过分工水平决定了该区域的经济发展水平与人均收入水平。交易效率提高,分工水平会从自给自足发展到半专业化,再到完全专业化。人均真实收入水平也相应地从自给自足状态的3^{-3a}提高到半专业化时的$k\times 2^{2a-2}\times 3^{-3a}$再提高到完全专业化时的$k^2\times 3^{-3}$。模型演示的是一个区域内人均真实收入水平变化的原因。扩展到两个或多个区域,我们便会知道,地区间收入差距的产生,即是由于各区域内部的交易效率的差别。拥有较高内部交易效率的区域,比如我国东部地区,就可以发展出较高的分工水平,因而有较高的经济发展和人均收入水平；而区内交易成本大的区域，比如我国的西部地区，分工水平不能演进到如东部地区那样高的水平，因此经济发展水平比较落后，人均收入也同东部地区拉开了差距。

因此，从新经济学的核心概念"交易成本"出发，研究交易活动中的交易效率概念，指出其与分工水平的关系，即交易效率的提高促进了分工的演进。分工水平代表了经济发展水平，分工水平越高，经济水平也就越高。由此，提高交易效率可以通过提高分工水平来促进经济增长，交易效率是提高经济水平的核心因素。因此我国不同地区存在的不同交易效率水平是这些地区间产生经济水平与收入水平差距的重要因素，则我国落后地区提高经济增速，缩小与相对发达地区的经济与收入水平差距，就需要更加关注其地区的交易效率。

第三节 区域差距的交易效率成因体系与交易效率改进

交易效率衡量的是交易活动的结果，因此影响交易活动规模与速度的因素都是构成交易效率分析框架的因素。同时，交易效率是交易成本的倒数，因此，对交易活动的投入影响因素也是构成交易效率分析框架的组成部分。在这样的分析中，我们会发现，上文分析的地区差距成因与影响交易效率的因素有很强的联系。这些成因都是通过影响交易效率的构成因素来影响交易效率，从而影响到地区经济的发展，因而可以通过交易效率构建成因体系。因此，我们开始关注，如何提高落后地区的交易效率来缩小我国地区间的经济与收入水平差距。

1. 交易效率的影响因素

一切影响交易活动投入与开展规模、质量、速度的因素都会影响到最终的交易效率。将这些因素进行归类可见，影响的因素中一类是交易活动发生的硬件条件，即交易技术条件因素；另一类是交易活动发生的软环境因素，即交易的制度条件。

先看交易技术条件。首先是自然地理条件。自然条件在不同区域有较大的差别，它深深地影响着这些区域的交易活动条件。有的地区气候极端，特别热或特别冷，则较气候温和的地区，必然会对人们交易活动的开展有一定限制。例如我国的东北地区，气候寒冷的时期长，特别是冬季气温低，持续时间长，因此商场在下午5时—6时就关门了，公交车也是此时收车，这比东部地区晚上10时商场关门，少了五个小时左右的交易时间，那么对交易的规模就会有很大影响。同时，有的区域自然环境好、土壤条件优良,农作物生长稳定、周期短、产量高,这就比自然环境恶劣、土地贫瘠的区域得到更多的农作物与经济作物产品。这有助于提供更多的剩余产品,以更少的人力投入满足更多人的基本需要,让一部分人从农业生产中独立出来,从事别的产品生产,为更多的交易活动提供可能。同时,农业的稳定高产可以为农产品的深加工、轻工业的发展提供稳定的原料支持,为扩大交易提供保证。因此可见,自然条件的优劣对人们交易活动的开展水平与规模也就是交易效率有不可忽视的影响。

其次是交通运输条件。其对交易活动的影响巨大,甚至是直接的。德国经济学家杜能就曾提出过一种运输成本的度量方法:马拉货车的载重量为X,运输过程中马匹消耗草料的重量为Y,则运输草料货物从A到B,所剩货品重量为X-Y,其中Y就是一种运输成本。虽然杜能关注的重点并不在此,但这为后人研究交易成本(萨缪尔森的冰山交易成本)提供了一种思路。相似的例子在亚当·斯密的《国富论》第三章也有提及。这些都说明,运输过程的消耗是交易活动投入的重要部分。运输条件可以分为两类,一类是天然具有的,另一类是人类改进创造的。天然具有的运输条件主要是指一区域的自然地形地貌等条件。平原、河流、海洋通常意味着较好的运输条件,运量大,运费低,对交易活动有很大的促进作用。我国古代繁华的都城区域都在平原区,如西安周边是渭河平原;河南洛阳、开封在黄河边,周边是黄淮平原;北京处在华北平原;南京则在长江边,属于长江中下游平原。而再看西部地区,特别像新疆、西藏地区,距内地非常遥远,又高山峻岭,交通十分不便,对交易活动的阻碍十分严重。英俄两国晚清时都曾在此开埠,以通商口岸作为殖民扩张的据点。但开埠后商贸交易虽有推进,但起色不大,与东部沿海商埠相比,更是瞠乎其后,以致在全国外贸总值的统计中,难寻踪影(戴鞍钢著,发展与落差——近代中国东西部经济发展进程比较研究。2006年5月)。新疆虽与印度、阿富汗相邻,但受阻于边境地带的高山,交通不便,因此贸易对象主要是俄国(后为苏联)。上海也是依靠港口起家,通商口岸开辟后,内向封闭型的经济格局被打破,上海既在海边又在江边,成为水运的重要中转口,港口交易活动日盛。此地运输规模大,成本低,易于带动更多的交易活动发生,成就了上海的繁华。这样的例子无不说明,天然具有的好的运输条件有利于交易活动的发生和发展。表8.4可见天然具有的运输条件与经济发展水平的关系。

表8.4 运输条件与经济发展水平

地点	人均GDP（USD）	距离沿海100公里内人口比例（%）	距离沿海或河流
非洲撒哈拉	1865	19	21
西欧	19230	53	89
东亚	10655	43	60
南亚	1471	23	41
拉美	55163	42	45

人类与动物的区别在于，人是可以利用自然物来改造自然界的一些形态的。于是在讨论运输条件时就要包括一个重要的方面：人工创造的运输条件。这种条件的改善对于运输效率的提高有更重要的作用。特别是对于先天交通条件不好的地区，意义更大。可以说，我们现在谈运输条件的提升，重点就是人工交通技术、交通条件的发展。这样的人工交通环境主要是指各种道路条件。公路、高速公路、立交桥、铁路、隧道，这些人类的发明创造将自然无法提供的运输条件呈现出来。这种运输条件的改善和提高不仅可以大幅改善运输的能力与速度，提高运输效率、交易效率，同时因为交易条件的改善，还可以将交易活动开展在更广阔的范围，使原先不能参与交易活动的个人和组织也可卷入到交易活动中去。比如原先距离中心城市较远的农村和郊区地区的市场主体，就可以通过改进的交通运输条件与设备，便捷地进入城市中心参与交易活动。同时，交通运输设施、设备的发展创新，有助于使原先没有的交易手段与活动的产生成为可能。杨小凯经常说到的一种网络效应的故事即是这样：汽车的发明使得人们可以开展以前不能开展的交易活动，如在郊区开设大型仓储超市就成为可能。根据法国经济学家Prud'homme的测算，巴黎地铁1983—1991年的投资使巴黎的交通速度提高了5%，其结果使巴黎的生产效率和产量增加了1.44%。广义的交通运输条件中，还应包括通信条件。过去的通信主要是信件，随着科技的发展，通信手段日新月异。网络、卫星、无线设备，给人们的交流提供了大量快捷便利的方式。这些条件的改善使我们的生活、生产方式发生了巨大的改变。企业内的管理交流越来越向无纸化、计算机管理方向迈进。交易也不一定需要实体店铺，通过网络平台进行议价、交易。减少了大量的交易投入，并使原先不能发生的交易活动成为可能，这都是交易效率的改进。

同时还包括基础设施条件。交通运输条件中的道路与通信设施建设当然是基础设施建设中的一部分，但基础设施远不只有此。基础设施是为居民生产生活提供公共服务的物质工程设施,既包括交通、通信设施,又包括供水、供电、商业服务、科教文卫事业的相应设施。基础设施的规模与水平对社会经济活动的空间分布、形态、演变都有巨大作用。设施建设水平高会使生产、生活活动更便利,促进交易活动的发生发展,是提高交易效率的重要基础。另外,基础设施是社会公共服务的硬件设施,硬件水平的发挥还需要维护、管理、运行等软条件的保证。仅有设施,没有很好的运营不能保证这些设施的效用发挥,从而就不能保证人们的生产生活活动能便捷地开展,无法提高交易效率。因此,公共服务水平的提高与否对交易效率也有巨大影响。服务水平可以让人们的生产、生活活动更便捷,有利于交易活动的开展与发展,也就是交易效率的提高,反之则会阻碍交易活动,限制其规模,降低了交易效率。

再看交易制度条件。交易制度是交易活动发生的环境,对交易活动的发生过程与结果都会有巨大的影响。首先是经济体制与经济政策。经济体制的实现,是资源的配置方式。这对经济活动有根本上的制约。高效的资源配置手段可以让有限的资源在最短时间内流动到最需要的地方,保证生产、流通的高效率,促进交易活动的开展,提高交易效率。反之,配置手段失灵,则会影响,甚至阻碍经济活动与交易活动。经济政策是保障宏观经济平稳运行的调控手段之一。不同的经济政策虽然调控的对象不尽相同,但共同的特点是都会对经济活动产生影响,刺激或抑制交易活动的规模,也就是对交易效率产生影响。例如,施行对外资鼓励的经济政策,就可以降低外资投资的进入壁垒,促进外资的交易活动,提高交易效率。改革开放以来,我国在沿海地区首先施行引进外资的政策,很快就使FDI的量得到很大提高,加上政策不断完善,FDI在这样的地区一直保持较大的投资份额。从改革开放到21世纪第一个经济增长周期,我国实际利用外资最多与最少的五个地区年份变化情况见表8.5,可见到的是,实施政策早的地区,较早地显现了政策的作用,提高了外资投资的交易效率,投资量大。并随着政策的实施,有时间、有能力调整政策,进行完善。保持了这种高的交易效率,持续获得大量投资。而内陆地区,特别是边远省份,因为政策实施晚(当然也有别的原因)、不太完善,在获得FDI投资量上较上述地区有差距,实际也就是交易效率上有差距。同样的例子不胜枚举。对劳动力的流动既可以有限制的政策,比如户籍制度,又可以有鼓励的政策,如居住证制度。前者会降低劳动力的流动,因为它限制了劳动力要素的交易活动,降低了交易效率;后者则是扫除障碍,提高了劳动力的流动效率和交易规模——交易效率。

表8.5 实际利用外资最多与最低地区

1994	FDI（万美元）	2000	FDI（万美元）	2006	FDI（亿美元）
广东	946343	广东	1128091	广东	2889
江苏	376315	江苏	642550	江苏	2657
福建	371318	福建	343191	上海	2007
山东	255242	上海	316014	浙江	1019
上海	247309	山东	297119	辽宁	815
1994	FDI（万美元）	2000	FDI（万美元）	2006	FDI（亿美元）
青海	241	宁夏	1741	西藏	4
宁夏	727	新疆	1911	青海	7
山西	3170	贵州	2501	新疆	19
内蒙古	4007	甘肃	6235	贵州	23
新疆	4830	内蒙古	10568	甘肃	32

资料来源：各年《中国统计年鉴》

其次是法制的完善与法治水平条件。法律是人们行为的规范。有了法律，交易活动就有了规矩，可以避免随意性，使其得到保障，便于促进交易活动的发展。反之，没有法条规定，人们之间交易活动的过程和结果会有很大的不确定性，维护交易顺利开展的投入就会增加，这就是一种交易成本的增加。因此法律法规的设置完善与否对交易效率有重大的影响。同时，有法必依与有法不依对交易活动也影响巨大。有法必依，形成成熟的法治环境，则违法的成本与代价极高，这就可以尽可能地保证人们的各种活动，当然包括交易活动合乎规范、得到保障。那么维护与保障交易活动的投入就可以大为减少，交易效率自然提高。反之，有法不依则等于回到无法状态，维护交易活动的投入就会很大，交易效率会大打折扣。

最后是社会传统与社会资本条件。社会传统在一定程度上有对法律规范补充的作用，能够更好地保障交易活动的社会传统、社会氛围、思想文化会促进交易活动的发生与发展，使交易效率得到提高。反之则相反。现在，人们把文化、社会传统、社会习俗等非物质力量概括为社会资本。因此，这样的社会资本对交易效率的变化也就起着巨大的作用。

2.交易效率视角的成因体系

成因分析是力求找到一个最能说明事情发生结果的引起层面。准确地发现引起与被引起关系，是对问题的解决起至关重要作用的一步。前文分析了造成地区间经济水平、收入水平差距的各项因素。尽管研究人员每一次的分析都力求找到一项更为深刻的因素，我们却同时会发现：①前文归纳的每一个成因都无法独立地说明地区收入差距的产生。作为一个复杂经济现象，即使并列更多的成因都是可行的。因为只要能在逻辑上说明该因素确实能直接或间接地影响经济活动的质量与规模，就可以分析到地区间的经济差距结果。②前文分析的各项因素，都没有直接作用在经济活动本身上，而仅仅是对供给方或需求方的一种影响。例如自然条件或要素禀赋等优势，只能作用在供给方，没有需求，生产的付出仅仅是私人劳动，不能交换，私人劳动就不被社会承认，不能转化为社会劳动，也就是此优势不能带来好的经济结果。非经济因素就更加具有这样的特点。而现代经济活动本身，是一种交易活动。供求双方的活动不能离开任意一方而完成，可见，成因分析需要落实到供求双方。③还举上面的例子。假设一地区要素禀赋条件很好，却与世隔绝，则交易活动也就是经济活动同样不能完成。可见，上文分析的要素成因与自然条件成因间也是有联系的。成因间的联系，不是简单的相加关系，而是在内在作用机理上存在着紧密联系或相关性。既然前文分析的单个成因无法完成分析全部结果的重任，并且成因与成因间是有联系的，是靠着一些联系共同发挥着作用，那么这样的联系是什么呢？作者认为，正是交易效率。

交易效率不仅可以解释我国地区间收入分配差距产生的原因，还可以把前文中已分析到的因素归纳到一个体系中，即各成因皆是通过影响交易效率间接造成了差距的产生。

经济上的各种优惠政策会影响到交易的环境，也就是交易的制度条件。这些优惠政策本身就是降低经济活动成本的政策规定，因此，政策更完善的地区，交易效率更高。改革开放后向东部倾斜的政策使东部地区获得了更好、更完善的开展交易活动的环境，提高了交易效率，从而获得了经济的高速增长。

而造成地区经济与收入水平差距的非经济因素，也是影响交易的制度条件。例如法律法规的完善，可以保障交易的发生，提高人们参与交易活动的积极性，从而可以推动交易活动的发展。思想文化既可以成为一种软性约束，制约或规范交易活动，从而对交易活动起制约或促进作用，影响交易效率再影响到经济活动。同时，符合交易活动的思想文化（例如符合市场经济要求的思考习惯）会极大地推动和保障交易活动的发生发展；而不符合交易活动的思想文化（如封建思想，小农经济思想，自然经济思想）则会阻碍交易活动的发展。这样，思想文化的不同状况就会影响到交易效率的高低，经济发展快慢也就被相应影响着。总之，非经济的这些因素构成了经济发展的软环境，它们作为社会意识可以反作用于社会存在，对经济各部门间的交易和人们之间的交往起良好的润滑作用或阻碍作用，提高或降低交易效率。

由此可见，种种因素都是在通过影响交易效率来发挥作用，因而是紧密围绕交易效率形成了一个有机整体。这样，我们就可以解释，为什么前面每一个单个因素都不能独立解释地区间收入差距这个现象。因为真正的原因是不同地区具有的不同交易效率，上述成因只是从不同的角度去影响交易效率，他们都不能独立地影响交易效率，所以才不能独立地影响收入差距的结果。同时我们也能解释，为什么这些因素间是紧密相连的。因为它们是围绕着交易效率而形成的一个成因体系里的组成部分，在体系中，所以才会有紧密的联系。

第九章　交易效率提高对区域均衡协调发展的可行性

明证了这条清晰的线条：交易条件变化——交易效率提高——市场范围扩大——分工水平扩大——经济水平提高。既然分工水平本身就反映经济水平，而交易效率的提高促进了分工的发展，可以看到交易效率提高对经济的促进作用。实现均衡协调发展的根本动力来自于落后地区的差距，实际就是提高经济发展的速度，这也是提高交易效率的必由之路。

第一节　交易效率提升与经济发展水平

高帆曾构建了一个交易效率的指标体系，并用计算结果让我们看到了交易效率与经济水平的关系。他的交易效率指标体系包括如下指标：

交通方面的交易效率指标。包括：每百万人均公路里程和人均铁路里程。

信息方面的交易效率指标。包括：每千人拥有的电话数、移动电话数、日报数、电视机数、计算机数。

教育方面的交易效率指标。包括：公共教育支出占GDP比重。

制度方面的交易效率指标。包括：开办企业所需的时间等。

综合交易效率指数用上述指标的和平均。

高帆利用这一指标对21世纪初的80个国家或地区进行了交易效率的测量。我们选取若干，可以直观感受交易效率与经济发展水平的关系，见表9.1。

表9.1 各国交易效率

国家	交易效率指数	国家	交易效率指数
澳大利亚	1.9746	津巴布韦	0.6737
比利时	1.3534	赞比亚	0.3833
加拿大	2.6599	坦桑尼亚	0.3735
丹麦	2.4674	塞内加尔	0.4031
芬兰	1.9336	哥伦比亚	0.6023
法国	1.5916	哥斯达黎加	0.7182
德国	1.4985	肯尼亚	0.5235
意大利	1.1958	尼日利亚	0.3940

（续表）

日本	1.9127	巴基斯坦	0.3668
韩国	1.2403	菲律宾	0.6107
荷兰	1.8160	罗马尼亚	0.7552
西班牙	1.3486	印度	0.5167
英国	2.2267	印尼	0.3995
美国	2.4459	中国	0.8879

资料来源：高帆：《交易效率、分工演进与二元经济结构转化》，上海三联书店，2007年03月

由上表可见发达国家与发展中国家的交易效率差别。其中左边的一列是发达国家，我们可以看到其交易效率的指数都在1以上，并且大部分都超过了1.5。而像加拿大、英国、美国这样的国家则都超过了2。反观表格右列是发展中国家的交易效率，数值都在1以下，很多非洲国家的数值甚至小于0.5。从这样的量化数值中，我们可以看到交易效率与经济水平之间的关系。交易的高效率伴随的是经济的高水平；交易效率低则会导致经济的低水平。由此再次证明了本书的基本观点，即提高交易效率才能真正提高落后地区的经济水平、收入水平，弥补地区间的差距。

从前文对交易效率的组成框架分析可以看到，影响交易效率的因素主要有：自然条件、交通运输条件、基础设施与公共服务条件、经济体制与政策条件、法律保障情况以及社会传统、思维方式等社会资本条件。把这些因素做个归类，可以发现：自然条件、交通条件、基础设施是我们平时所称的发展的硬件，而经济体制、法律、社会资本则属于发展的软件。所以硬件方面是交易技术条件，软件方面则是交易制度条件。于是，交易效率的提高就是交易技术条件的改善和交易制度条件的改善。

第二节　区域经济产业结构均衡协调发展的目标

国民经济包括宏观、中观和微观三个层次经济活动，是其相互交织、协调集合的多层次网络系统。产业是国民经济中按照一定分工标准划分的各类企业集合，其相互间关系为产业结构。结构反映了国民经济系统资源配置的合理性，由结构转化即通过淘汰或缩小低效率产业、创立新产业或增大高效率产业的要素投入等引发的经济增长潜力巨大。长期来看，产业结构的合理与否决定经济增长的速度和质量，从根本上制约着国民经济的长期稳定发展，是国民经济的核心格

局。产业结构不是一成不变的，受国民经济发展阶段的制约，经历着持续的变化。在经济区域稳定发展的基础上，长期来看，产业结构的变化有优化的大趋势，但反复甚至变化为低效率状态从而影响国民经济整体运行也是常见风险。当产业结构运行失衡或结构演进背离其成长规律时就需要进行调整，除经济系统通过市场价格机制实现的短期自我矫正外，在完善经济运行的体制机制和扶持新兴产业等方面，更需要政府的政策手段。通过协调宏观效益、中观效益与微观效益间可能出现的矛盾，以实现经济运行的直接效益与间接效益，长期效益、中期效益与短期效益，经济效益、环境效益与社会效益等方面。总效益最优为目标和尺度的产业结构调整活动作为国民经济管理的重点内容之一，是现代国家政府需要履行的重要职能。其中，针对国民经济发展整体和产业结构调整进行规划管理是重要的管理手段。产业结构调整规划是对规定时期内产业构成、规模和比例结构等方面进行的具体部署和安排，包括产业结构调整面临的内外环境分析、调整要达到的战略目标、调整的重点内容、调整的具体举措、规划的保障及实施安排等内容。作为对真实产业发展重要的顶层设计，一份高质量的产业结构调整规划必须要回答好什么是好的产业结构调整以及怎样实现好的调整这两个根本问题，因此，对我国产业结构调整实施规划必须对产业结构所处新时期背景的要求、目标状态、核心动力和制度保障等重要问题进行先期研究。

1.产业结构调整的背景

现代经济运行的基础——发达的商品经济是高度分工的专业化规模生产与多样需求的对立统一。商品经济发展的实现既有商品生产水平与规模的提升，更依赖商品间持续顺畅的交换。一旦出现较大的供求失衡，往往意味着经济运行秩序甚至是某个时期的转换。2008年全球金融危机爆发，给世界经济运行带来巨大冲击。无论是发达经济体还是新兴市场与发展中经济体，经济增长率在金融危机后都无法回到原先的水平；发达经济体的衰退特征更为明显，其年均经济增速在2000年前仅低于同期新兴市场与发展中经济体0.6个百分点，2008年以后却低于同期新兴市场与发展中经济体4.5个百分点。发达经济体的其他经济指标也出现明显的衰退特征，包括：债务占GDP的比重大幅攀升，信用危机甚至是主权信用危机频发，失业率攀升，币值波动等长期得不到解决。同时，金融危机爆发后，西方国家发现自20世纪70年代"滞涨"后开始占据主导的以新古典经济学派、货币主义学派、供给学派为代表的自由主义及其主导下的政府对市场减少干预的放任政策存在巨大弊端，不仅市场对资源的自动调节配置作用有限，规模巨大的金融机构、跨国公司内部治理机制远没有人们想象中的完美，各国政府开始转变对经济运行的调控思路，从制度、结构的弊症与优化等方面去认识危机的产生与解决，加大对市场的干预。如美国经济学家保罗·克鲁格曼认为，"保守主义运动"带来的自由放任政策对经济、社会和政治带来诸多影响，政府应发挥好维护社会稳定和社会公正的作用；约瑟夫·斯蒂格利茨指出，危机暴露了市场原教旨主义的严重缺陷，认为不受约束的市场能够带来效率和稳定，且市场能够自行调节，本质上自相矛盾，某些国际经济机构曾将这些观念置于首位还造成了世界经济的失序。这不仅宣告自20世纪90年代开始的经济黄金增长期结束，也标志着世界经济运行进入到一个新时期。

受到世界金融危机和经济增长瓶颈的冲击，我国经济运行遇到了前所未有的新局面。一方面，进入21世纪后，我国在世界经济分工秩序的生产性位置积累了几乎覆盖全产业上中下游的世界级规模生产能力，并在出口中积累了大量的现金（资本）。国内市场调节总供给与总需求要达到再平衡会面临巨大阻碍：增加需求带来的是通货膨胀和危机的进一步积累，降低供给则不仅容易造成严重的经济衰退和失业，更是对产能的严重浪费。另一方面，发达经济体的衰退使世界经济力量朝向以我国为代表的发展中国家汇聚。2008年，按照购买力评价计算的新兴市场与发展中经济体的GDP总量达到近42万亿国际元，首次超越发达经济体；2014年，我国按购买力评价计算的GDP规模突破17.6万亿国际元。这些都促使原先以发达国家为主导全球经济的运行与治理框架通过发达经济体寻求以新兴经济体的力量解决自身和全球问题的方式有了大幅调整，包括新兴经济体话语权和作用力量的提升，如2009年匹兹堡峰会上确定二十国集团正式代替七国（八国）集团为全球经济首要磋商平台。这些新的变化使我们在面对经济运行的各类矛盾思考再平衡之道时必然要超越即有供求关系本身的调整，从整体国民经济运行方式、生产过程中的要素投入方式及生产过程本身的模式转变上着眼。

当前，这种转变的基本判断和要求是宏观经济运行将长期处于新常态。新常态下，产生结构调整的总体方向要求是：从需求侧转向供给侧的调整，实现产业结构的升级转型；从规模增量型逐步转向质量效益型。看起来，产业结构调整优化的方式明确，但生产方式转变、技术含量提升，生产过程的投入规模减少、污染控制等内容仅仅是对国民经济运行中某些外部和具体的调整活动，没有深入到产业结构调整的实质以及如何实现国民经济全系统生产主体利益调整的帕累托效率状态这个产业结构调整的本质目标，很难充分说明产业结构调整的实质和整体效益，还会引发调整的问题和风险。例如，单纯依靠对货币利益产生影响的直接手段，如税收增减、补贴调整等，对带有"高技术""环保""信息技术"等概念标签的产业进行直接作用，可以在国民经济运行的一定阶段和局部现象上产生变化——传统行业与部门减少，新兴的国民经济部门与新业态不断出现，但是否引起了整个生产系统甚至产业结构的协调与优化却并未可知。应该认识到，新时期的"新要求"并不是完全否定之前经济活动采取的形式、内容与成果，而是在原有基础上的进一步深化与优化。第一，全社会经济活动的基础形态依然坚持不断扩大的商品经济形式，即全社会各类产品与资源的流动采取以货币为媒介的交换方式来实现，并力求使更多的物品——无论有形与无形——均可实现可交易化即商品化；全社会更多的领域实现资本进入的多元化；利用"互联网+"等新兴工具与手段，提高商品交易的规模与精准度。第二，市场中资源与商品流动配置的力量越来越多地依赖市场本身的动力，以不断实现市场在资源配置中的决定性作用。第三，经济的增长需要更多依赖产出质量的提升，而非产出规模的提升，增速放缓是可接受和必然的现象。因此，国内外经济运行秩序与模式的新转变和新常态下结构调整的复杂要求，成为我们在产业结构调整问题上从仅仅看到产业本身的技术、规模、水平等要素的变化，到放在整个经济结构合理和有效运行的背景上去认识和分析什么才是新时期产业结构调整的最优目标状态以及怎样才能实现这样的最优目标状态这一系列重要问题的基础。

2.产业结构实现协调发展的目标状态

产业结构调整规划的具体目标与规划的时段有密切的关联，但无论是短期、中期还是长期的目标制定，都要遵循国民经济运行与发展规律所制约的基本状态。自亚当·斯密的《国富论》开启了现代经济学的序幕，现代与古代概念上的差别至少在经济学层面得到了可确定的唯一标准：即商品经济占据了经济活动的统治地位。全社会经济产品的产出水平与规模逐步脱离了每个个体生产者的产出，在日益复杂的生产过程中，越来越依赖人与人之间的经济协作。因此，专业化分工水平的持续扩大和协作程度的加深成为衡量经济水平的关键，也成为经济发展的基本趋势和状态。

现代经济水平与古代经济水平首先存在量级上的区别。在人类经济发展史

第九章 交易效率提高对区域均衡协调发展的可行性

上,以第一次工业革命后产生初步成效的五十年左右(本书粗略以公元1800年即19世纪初)为界,在此之前,无论中西方任何国家,在人类经济产出规模上,都始终保持几乎不变的低水平,可推知产品的种类也无较大的变化。由此可说明,人类社会的产业结构在构成的种类及各部门的生产技术水平上几乎不存在相比之于现代社会的升级与优化[①]。而公元1800年以后,人类经济生产水平有了巨大的跃升。说明在工业革命所带来的技术变革刺激下,整个社会各领域的生产能力与产出水平有了巨大且持续的提升,产出物品的种类有了极大地丰富[②]。生产方式与产品种类的多样性越来越成为现代社会的突出现象,标志着现代国民经济中产业结构的日益复杂是产业结构不断调整的基本现象。

工业革命所带来经济生产的重大变革不是偶然的,它是现代经济基本活动(即商品经济的本质特征——交换活动)与经济生产过程中不断出现的专业化劳动分工在相互影响、相互促进的结果。一方面,劳动分工促进了商品经济交换活动的发展。商品经济是人类社会发展到私有制历史阶段的产物。生产资料和劳动产品属于不同的所有者的双方,成为独立的利益主体,并成为经济利益的对立面,这就发生了商品经济的本质行为——交换活动。而国民经济的生产劳动分工又构成商品经济的基础。由于劳动分工,经济生产活动的每一个主体只从事某种局部的、单方面的劳动,只生产某些甚至某种单一的产品;而对人们的需要或需求的多样性的满足,就需要不同的生产主体用自己生产的产品去交换自己不生产而又需要或需求的产品,即不仅提出了交换活动的要求,也具备了交换活动进行和发展的可能。另一方面,商品经济的交换活动又促进着劳动分工水平的不断演化与复杂化。商品经济形态有两大趋向特征,一是不断将经济社会中越来越多的有形与无形的物质资料都卷入商品经济活动中,实现

[①] 除去精确的数据统计,博物馆中几千年甚至上万年里人类史的展品,物品的种类与技术含量没有本质变化亦可见在1800年以前,人类经济生产水平的低水平恒定状态。

[②] 从人口变动与经济产出关系的角度来看,以公元1800年为界的前后两个历史时期经济生产规模的特点将更为明显。1800年以前的世界,由于经济生产种类与规模是持续保持低水平,在社会发展的稳定阶段,面对人口的自然增长率提高,经济生产的增长率无法与之匹配,必然出现全社会物品产出的种类与规模不能满足较多人口基本生存条件情况,即马尔萨斯人口陷阱,因而必须通过疾病、战争等高死亡率手段强制减少人口规模,以适应经济产出的恒定低水平。而在1800年以后的世界,随着数次工业革命的爆发,要素投入与生产过程的技术条件出现极大飞跃,机器及其自动化成为现代经济生产的主流方式,在产品种类与产出规模上不仅是满足了人类的各类产品需求,且在不加精心分析市场需求的情况下甚至极易出现生产相对人口需求的过剩,反而遭到市场竞争的淘汰。

可交易化和货币化；二是使生活在商品经济环境中的人，特别是直接从事商品交换活动的人都以争取更多的货币获得为本质甚至最高追求。因此，商品经济的发展必然催使更多有形与无形的社会产品进入交换活动，构成整个经济社会商品经济活动的一部分，带来商品交换活动种类的扩大，这必然促使更多专门产品的生产活动得到强化，劳动分工得到确认。同时，商品经济交换活动中获利的根本方式除了提高单位商品的价值以外，更重要的是提高可交换商品的规模。特别是在经济生产的一般条件下，提高商品的生产规模有助于实现规模经济，从而有效降低经济生产的长期平均成本，实现最大的生产效率，并在存在比较优势的模型下，通过交换活动实现各个交换主体的最大经济利益。而产品生产规模的扩大，必须依靠劳动专业化程度的加深，才有利于生产技术提升的集聚、资源的有效利用等，这对参与交换活动的双方都产生了高效率进行专业化生产的利益刺激，劳动分工得到强化也就顺势而为了。

由此，商品经济交换活动与劳动专业化分工的双重变奏推动着整个经济社会商品经济水平和劳动分工的专业化水平不断实现跃升，整个经济社会的交换和分工网络日益复杂起来。而作为现代国民经济运行的核心，产业结构的调整也必然要契合这样的规律与趋势，即产业结构调整的目标状态就是产业的日益细化以及产业内部和产业间的交换复杂程度日益加深。在经济发展史中，无论是从产业发展的结构比例上从单一的第一产业发展到分工水平与种类和生产交换迂回程度更高的第三产业还是交易（贸易）产业较之于非交易（贸易）产业内部人均收入的提升速度对比上，都可以证明这样的趋势。比如，美国在20世纪60年代至70年代实现了信息产业占主导地位的产业结构调整，20世纪80年代至90年代，在高技术产业领域保持领先势头的基础上还用新技术、新工艺改造传统工业，以网络化和服务化经济为代表的产业创新直接推动了美国国内新兴第三产业种类的不断丰富，比例从20世纪80年代的约占六成上升到2009年的77.4%；同时，根据美国诺贝尔经济学奖获得者迈克尔·斯宾塞的计算，1990—2008年，美国非交易（贸易）部门内部的人均收入从7.2万美元增加到8万美元左右，增加价值不足1万美元，而同期交易（贸易）部门内部的人均收入则从7.9万美元增加到12万美元，增加值是上述部门的4~5倍。总结来看，产业分工的日益细化以及产业内部和产业间的交换复杂程度日益加深，应当从横向上表现为产业结构内部分工水平日益提高，围绕在经济生产与交换活动中的专业化、精细化程度不断加深，国民经济的新部门、经济社会中的新兴产品和经济活动的新形式不断涌现，创新氛围浓郁；从纵向上表现为产业链条的长度越来越长，经济生产的迂回程度越来越高，国民经济各部门精细化分工促使各部门间的联系、协作的紧密程度日益加深，社会最终产品的呈现要依赖难以计数的生产部门间的密切配合与协作才能实现；从进程上表现为产业结构在经济社会不同区域的关联性和互动性到了增强的阶段，国民经济整体的产业结构已发展成为一个大系统，超越了原先简单的各个经济组成部门，经济社会中各区域的产业结构成为国民经济整体产业结构的组成部分，并与其他区域的产业结构发生相互关系，在互动影响中成长运行，经济资源的配置进入到在不同区域的产业结构中进行优化配置的阶段。由此，推动产业结构调整，实现调整优化的目标是通过提高经济社会生产与交换活动的专业化分工水平、高度复杂的产业链条和产业系统，实现产业结构的升级、创新，从而优化经济社会资源在整个国民经济产业内的配置。

3.实现均衡协调目标状态的核心动力

一般认为，促进国民经济各部门分工水平持续提升的动力主要来自于技术进步和生产社会化，由生产资料和劳动者的技术发展水平，特别是生产工具的性质和状态所决定。如马克思所言："劳动的组织和划分视其所拥有的工具而各有不同。手推磨所决定的分工不同于蒸汽磨所决定的分工"。"生产工具的积聚和分工是彼此不可分割的"，"只要一种物品的生产中有可能用机械制造它的某一部分，生产就立即分成两个彼此独立的部门"。但正像分工的产生依赖于不同分工主体间的协作机制能否得到保障一样，现代商业经济环境中，专业化分工水平提升依赖于国民经济组成部门之间的交易活动的速度与便捷程度，即全社会的交易效率。只有交换活动顺畅、高效运行，产业的分工扩大才有存在的意义与价值。最早提出商业交易效率相关问题的亚当·斯密在《国民财富的性质和原因的研究》中提出，水运比陆运的运输效率更高，如果没有水运的发展，则市场的发育、劳动分工的发展将受到影响。马克思在《资本论》中论述了运输效率对资本周转的影响，他指出："交通运输工具的改良，会绝对缩短商品的移动时间"；"在运输工具发展的同时，不仅空间运动的速度加快了，而且空间距离在时间上也缩短了"。随后的经济学家们对交易效率的研究不断深入，提出了构成交易效率的基本要素：一是单位时间内所交易的物品或劳务的质量和数量；二是这种物品或劳务所具有的效用；三是交易者在交易中获得的效益。交易效率应是在上述三个要素都具备的条件下的物与物、人与物以及人与人的关系的组合与配置状况，它直接表现为交易成本的倒数。

交易效率的提升之所以成为产业结构调整优化的核心动力，是因为在现代国民经济活动中，只有较高交易效率的中心，才有可能汇集和配置资源。如果交易效率较低，那么资源流动的速度就会放慢；如果失去交易效率，那么中心地位也就会失去，而在另一交易效率较高的地方将会形成新的中心。因此，在产业结构调整与优化的目标落在必须实现产业内外专业化分工演进上时，推动其实现的根本动力也就必然来自于全经济社会交易效率的提升，即在不同产业间和产业内部的不同经济主体间日益便捷的商品交换活动，促进全产业分工网络不断复杂化的实现。应用交易制度促进交易活动的典型是美国。例如，美国在应对落后和污染产业淘汰及绿色新兴产业升级的规划管理上，采取从不能交易到实现交易的交易效率提升政策，在1990年出台对《清洁空气法案》的修正案，将原先完全不考虑交易的管制政策手段调整为不断推出的可交易许可证制度。通过法案的修正，不仅开放了污染和新兴环保产业的可交易内容，且不断扩大排污权交易计划的领域，包括污水排放许可证交易、铅排放交易、二氧化硫排放交易、含氯氟烃排放交易等典型的减少交易制度性阻碍和成本的方法实施，提升了新兴产业在新的市场环境中的交易效率，达到了提高交易可能性的效果，并对新兴的环保产业的涌现、发展与效益提升带来巨大促进力。如铅排放交易每年可以节约2.5亿美元的成本，水权许可证交易每年可以节约100万美元的成本，自排污许可证交易制度运行以来，美国节约的总成本可能已经超过120亿美元。

现代经济运行和产业发展中影响交易效率的因素可概括为：自然条件、交通运输条件、基础设施与公共服务条件、制度与政策条件以及社会资本条件等。自然、交通、基础设施是产业发展的技术条件，制度、政策、社会资本是产业发展的制度条件。因此，交易效率的提升就要改善交易技术条件和交易制度条件，加快各类产业发展所需要素的流动速度。从改善交易技术条件的角度，应重点加强交通、电网、通信、广播电视等基础设施建设，提高物资、信息等要素流动渠道的承载能力和传输效率；在控制好系统性风险的前提下，提高针对实体产业和新兴产业的金融服务现代化水平，通过降低金融成本、提高金融应用规模与效率来加快产业发展所需包括资金流在内的交易媒介的运转速度。从提升交易制度条件的角度而言，国家应进一步扫除障碍，全面深化经济运行和产业结构调整政策制度内容的改革,增强交易制度在产业资源配置上的自发作用,因势利导,出台有利于产业间交易方式创新和效率提升的制度、政策,不断完善市场交易规则,建立良好有序的交易环境,切实提升产业结构调整中的交易效率,实现产业结构调整向规划目标状态不断迈进。

第三节 区域产业结构均衡协调实现的制度保障

由前文可知,交易效率提升的核心内容是交易技术条件和制度条件的改善,市场化程度提升表现的交易范围扩大和交易规模提高与其高度正相关。从影响机制看,市场交易扩大带来新的经济增长点,增加了新的市场范围内人们对未有商品的需求,也激励厂商在更大范围提高供给规模。为了实现供求结合的交易,人们主动改造阻碍交易发生发展的各类条件、推动各类市场交易制度和政策的改善、建立更有利于市场交易的社会环境,以促进交易效率的提升。但是,市场化程度提升的表现虽然是交易程度的扩大,但交易活动本身仅仅是现代经济的基本运行方式即商品经济,这是经济活动的外在样式,市场是其发生的空间,不具有制度层面的规定;或者说,商品经济是对经济活动特征的概括,而不是对经济活动方式应当走向的制度制约。当商品交换关系占据社会经济运行的统治模式时,其制度安排——市场经济才会出现。

市场经济伴随着商品经济的发展而来,但与商品经济有极大的差别。商品经济是人类经济活动的基本样式之一,核心特征是不同主体间通过交换实现物品的互相让渡,从而完成各自生存与发展的物质或精神追求。而市场经济是商品经济运行的一种制度安排,是一种能自发调节社会资源按比例在各生产部门(行业)间配置的方式。因此,市场经济概念不是商品经济的同义语的反复或递进,而是伴随商品经济规模不断发展必然被人们认识到的交换活动中人与人之间关系的活动规律与制度范畴,依靠市场机制对社会经济资源进行配置。当市场经济在全社会的资源配置中占据统治地位时,现代化意义上的经济制度就得以确定。这不是一个简单的进步,其在西欧主要资本主义国家一经出现,就与高度发达的商品经济和工业革命一起打破了1800年以前生产力发展中马尔萨斯陷阱的瓶颈。因此,现代经济理论和实践认为,市场经济是实现经济增长与现代化最有魅力的制度安排。特别是在研究发达国家与相对落后国家发展差距成因中,既占据主要的现象,又成为核心的制度因素。李约瑟之谜从市场经济角度看,就可以翻译为:

为什么我国与西欧各国都经历过长期且大规模的商品经济活动后,市场经济这种现代化的经济制度不能在我国而在西欧各国率先发生?这是经济分析中的千古难题,又在一定程度上是破解经济发展桎梏的秘密法宝。

1.市场经济运行的本质诉求

市场经济的定义中带有经济形态色彩的定义主要从经济体系等整体特征来定义,如于光远在其主编的《经济大辞典》中认为市场经济指的是"价值规律"通过市场供求关系和价格,自发调节社会生产与流通,以实现生产要素按比例分配于各生产部门的一种商品经济形式。美国学者卡尔·博兰尼认为市场经济是一种单纯受市场控制、调节和指导的经济体系。从这样的定义中,虽然落款都为经济体系或形式等整体类定义,但可以很明确地看出,这样的形式已全然不是交换或非交换的内容,而是对社会资源的配置、调节作用的体现。现在,人们将这种调节方式抽象出来,将市场经济定义为一种制度安排,认为是一种能自发调节社会资源,按比例在各生产部门(行业)间配置的体制、组织方式、调节方式、配置方式、运行方式。因此,市场经济概念不是商品经济的同义语反复或递进,而是伴随商品经济规模不断发展必然被人们认识到的交换活动中人与人之间关系的活动规律与制度范畴。产业结构调整在商品经济环境中运行,以商品交换为主要内容,以交换过程实现的分工演进与价值增值为运行诉求的制度安排是市场经济。随着意识形态冲突程度的降低,市场经济而今更多代表的是一种现代商品经济运行中对经济资源配置(包括:资源流动的量、流动的方向、流动的归属)的制度安排,通过价格、竞争、供求关系调节资源在不同市场主体间的流动与归属。在商品经济环境下,经济资源流动的动力来自于竞争与供求关系,但只有通过明确的价格才能确定流动的归属。因此,市场经济中的核心机制是价格,价格理论即成为现代经济学最古老也是最基础的理论。

这样制度运转的基本原理是市场机制。实质是通过市场机制的运作来配置经济资源的归属。经济资源配置主要包括:资源流动的动力来源(流动的量)、流动的方向、流动的归属。市场机制包括价格、竞争与供求关系三者。市场经济环境中,市场主体之间的竞争与供求关系决定着资源流动的动力与方向。

竞争包括生产者之间的竞争,通过对原料的竞争争夺,决定原料产品的流动方向与流动数量。也包括消费者之间的竞争,通过对消费产品的竞争,决定了消费品的流动方向与流动数量。生产者与消费者之间的竞争则表现为一种供求关系的竞争，决定了最后供给与消费的实际数量。生产商依据市场需求或消费者需求大小（需求包括即期与预期）进行不同紧迫程度与强度的生产。需求的大小、紧迫程度与强度都由价格表现出来。当需求上升时，价格表现为上升，反之则相反。生产情况比较宽松、产量较大时，价格表现为下降，反之则相反。因为人们对各种价格的接受程度不同，因此实际获得的资源（利益）就会不同。这又会引起人们的竞争行为，如消费者之间的竞争程度上升会推高商品价格；消费者之间的竞争程度下降会降低商品价格。生产者之间的竞争加剧会降低商品价格；生产者之间的竞争降低会推高商品价格。

产品（商品）的实际流动方向与数量（归属）和竞争与供求的中介即为价格。在资源配置中，市场机制的发挥核心不是价格又是价格。从上文分析可知，资源的流动初始与流动方向的动力来自于市场主体之间的竞争关系与供求关系，但市场主体采取措施，实施对资源进行调动的方式是进行买卖，而买卖判断的依据是竞争关系与供求关系的表现价格。因此虽然配置的实质力量来自于竞争与供求，但从运行过程来看，核心却是价格。竞争与供求只有通过价格环节才能实现资源在不同市场主体间的流动，并通过确定性的价格表明双方稳定的竞争与供求关系来确定资源的归属。因此，市场机制的核心是价格。商品价格理论是市场调节的本源机制理论，是市场经济的核心。

价格作为市场机制发挥最核心的一环，其构成是否合理，就显得尤为重要。价格形成的不合理，即为信号显示的异常。

价格的本源理论分为两个，一是西方经济学理论，二是马克思主义政治经济学理论。

西方主要资本主义国家都标榜自己是市场经济国家，其经济理论从亚当·斯密的《国富论》开始，就在力图证明市场经济模式的优势。特别是随着新古典经济学的发展，一是研究对象规范在研究稀缺资源的有效配置的问题上，认为在完全竞争的市场结构下，市场机制形成市场中的正确价格信号在商品交换经济中实现资源的有效配置；二是利用数学工具对这样的配置过程原理进行描述与证明，使理论更准确地传承，形成现代西方经济学的微观理论。该理论使用均衡分析方法来判断经济运行的变动与稳定过程及其内在机制原理。均衡分析方法的应用核心是供给与需求的相等性，也就是当供给与需求相等时，得到均衡价格，此价格即为经济活动稳定的价格，无外力调整时，经济活动不会再调整之点，这就是供求和竞争稳定之点及市场主体完成经济交易活动之点，得到的信号即为价格信号。如果偏离此点，则说明供求的矛盾、竞争的活动还在继续，因此，均衡状态是西方经济学重要的分析核心与目标状态。

均衡的核心特征是市场主体作为经济活动决策者在权衡抉择其使用资源与方法时，认为重新调整其资源配置已不可能获得更多好处，从而不再改变其经济行为。在市场均衡价格的实现过程中，要解决两个方面的问题，一是需求的决策所导致的需求曲线是如何得到的？二是厂商所代表的供给曲线是如何得到的？在消费者决策中，消费者以其收入作为约束条件，谋求在约束条件下所得消费品的效用最大化。消费者在多种消费品中通过调整对各种商品数量的购买来调整自己的整体效用，直到消费者获得最大效用为止。这是消费者的均衡，于是得到不同价格下的商品需求量形成需求曲线。而生产商则在生产成本的约束下，通过调整生产要素的使用量来调整生产过程，谋求约束下对资源的利用率最高而通过最小投入得到最大产出，实现生产的效率追求。消费者力求最小的投入获得最多的商品，生产者力求最小的投入生产最多的产品获取最大利益，但市场机制的特征是，任一商品的价格是由市场上消费者对该商品的需求和厂商对该商品的供给这两种力量的相互作用形成和决定的，也就意味着并不以消费者或生产者单方面的诉求为最终结果，而是要在对同量商品需求与供给的竞争中得来。竞争中双方力量的大小，直接决定竞争的结果。这种竞争力量的大小对比被称为市场结构。根据双方竞争力量大小的对比，可以分为完全竞争市场、垄断竞争市场、寡头垄断市场与垄断市场。完全竞争市场中双方的力量最为均衡，没有明显的谁大于谁。西方经济学中，为了达到这样的效果，理论上给出了诸多假设条件。第一个条件：市场上人数很多但规模很小的买者与卖者，因此单个市场主体无法影响市场的价格。这是完全竞争市场的核心特征，即在这样的市场结构下，供求双方有着方向相反的对等力量，只有两者撮合才能形成供求均衡的价格，单个消费者或生产者无法对市场价格的形成产生任何影响。为了满足这个条件，除了规模小而数量众多的市场主体以外，还要对几种可能引发单边影响价格的行为做出限制规定。第二个条件：市场的信息完全，意味着人们不能通过对市场信息掌握的不对称而获得不对等的议价权。第三个条件：同种商品是同质的，意味着产品之间没有替代性，消费者没有因产品差异产生的偏好失去或获得更多议价权；生产者也不能因产品的差异失去或获得更多的议价权。第四个条件：行业的进出是自由无限制的，意味着全社会的供给方与需求方的市场价格影响力都是对等反方向的。在这样的假设条件下，同种商品的市场均衡价格由该行业供给曲线（生产商品的所有厂商的供给意愿）与行业需求曲线（所有对商品有需求的消费者需求意愿）相互作用（相交）得到。这样的均衡价格由双方对立力量决定，是消费者与供给者都要接受的价格，谁也没有更多的力量朝向自己有利的方向再影响更多。因此，对于单个厂商来说，其产品的需求曲线表现为一条直线，也就是无论商品交易量的大小，都不会影响产品的价格，单个厂商按照市场决定的价格能卖出任何愿意卖出的数量。在这样的市场结构中，厂商将要选择合适的生产规模以达到收益的最大（收入—成本），即厂商的均衡。厂商均衡分为两种情况。

短期均衡：短期指厂商不能调整所有生产要素，只能部分来调整自己的生产。根据厂商的成本情况（因为价格不变），厂商不改变产销量的点要么是利润极大，要么是损失极小，这都要求边际收益等于边际成本，即每增加以单位生产所带来的收益都等于成本的增加。如果边际收益较高，则继续生产有益；如果边际成本较高，则继续减产有益。因此，只要厂商面临的价格在平均可变成本最低点之上，生产就可以开始并完成厂商的短期均衡（如果低于，意味着每次生产对增加的可变成本都无法弥补，更不用说弥补固定成本，生产就会处于停止状态）。

长期均衡：长期指厂商可以调整所有生产要素的使用，选择成本最低点。并且厂商的数量也可以根据优胜劣汰而调整变动。在这个过程中，成本最小、获得超额利润的厂商必因为竞争而利润下降，从而大家都只能接受一样的平均利润。此时厂商的生产选择不仅仅是边际收益等于边际成本，并且等于长期平均成本的最低点。完全竞争的长期均衡意味着，这样的市场结构中，供求双方没有比对方更大的力量来影响价格，市场机制的发挥能够充分行使，从而达到市场配置资源的最高效率。因为不同成本的企业面临一个销售价格，因成本不同而利润不同。超额利润的存在会引发生产的扩大和新厂商的进入，从而影响行业生产量（影响行业供给曲线）而降低价格，这引发的利润降低值与长期平均成本的最低值一致。长期平均成本的最低值也必然是短期平均成本的最低值，即资源的消耗量达到最低，生产效率最高以及购买价格的最低——资源配置的最有效率。

西方经济学从商品交易的表面现象出发去解释市场的运行和价格的形成，得出供求决定价格的理论，但解释不了同样是供求均衡却不同质、不同价的关系。

马克思主义政治经济学利用更本质的分析方式，得出价格的形成来自于价值。价值是一个抽象概念，从商品与商品的交换过程，可以看到不同商品交换的现象。而等式两边不同的使用价值，实质上必有相同之物可以使等式成立。这种内容就是撇去凝结在商品中的无差别人类劳动。通过劳动并仅通过劳动发现商品的价值之源是政治经济学的正确坚持与延伸创新。但价值依然是一个概念名称。在实际生活中，我们看不到商品所含的抽象人类劳动，而是用来表现它的别种商品的数量，称之为交换价值。当这种起表现作用的商品固定下来，并特别用黄金、白银标示的时候，就形成了货币与价格（价值的货币表现）。因此，价值是价格的实质，但价格有量的规定性，因此必然要求价值也有量的规定性。劳动产生了价值，也就要求价值的量就是劳动的量。数量必须用计量指标，劳动量的指标用劳动时间计算较为方便，但劳动时间有多种，在同种商品的生产过程中，每个厂商生产等量商品的劳动时间不一致，则不能以某个厂商的生产时间作为衡量该商品社会价值的依据。因此只有把单个厂商生产同种商品的时间进行平均，才能形成大家都能认可的商品价值量（社会必要劳动时间），用货币衡量就是价格。从概念中可知，社会必要劳动时间反映的是同种商品生产者之间的竞争，也就是部门（行业）内部的竞争。随着商品经济的发展，竞争不仅在部门内部，也在部门之间。所有人都追逐高利润率回报的部门而放弃低利润回报部门，从而导致高利润部门的利润率降低，而低利润率部门的回报升高。这一动态过程直到部门间的利润率趋于一致时停止。表现为商品价格=成本＋平均利润，于是构成了生产价格，意味着在全社会，等量预付资本得到了等量利润。从上述两种商品价值（价格）构成来看，价值（生产价格）除了反映劳动的投入量以外，并不完全等于单个厂商时的劳动投入量，而是通过竞争，形成平均化的结果。价值是同类商品生产者之间的竞争得到的平均化结果，生产价格是部门间（行业间）竞争得到的平均利润构成。可见，平均化是价值或生产价格形成的关键环节。在数学计算中，平均的概念分为算术平均与加权平均。算术平均默认数字背后的权重（对平均化的力量影响）一致，只需要对数值进行平均化计算。而加权平均意味着数字背后对平均化过程的力量影响不一致，则数值本身不能简单进行加总平均。在价值与生产价格形成的过程中，潜在要求是，每个厂商对价格没有独立影响力，行业也没有独得高利润的条件，表明此平均化过程是一个权重相等的算术平均过程。如果权重不一，则说明有厂商会对价格产生不同于别的厂商的影响力，导致竞争的不充分。当这样的竞争形成个体独大时就会出现垄断厂商现象，其与别的厂商竞争中，以非对等的力量出现在与同业和消费者的竞争中，则会形成垄断价格，即成本+垄断利润，而垄断行业则限制了别的行业资源的进入，也限制了平均利润的形成，从而偏离商品价值与生产价格。这表现出垄断企业和行业以对价格形成的更大力量来赚取更多经济利益。这不仅进一步扩大了剥削，更限制了市场作用的发挥，促进了资本主义基本矛盾的发展。

我们可以看到，两类理论都共同说明了一个价格应该形成的机制过程，即供给方内部、需求方内部以及供求双方之间的力量相等时，才能形成真正反映资源配置的价格信号。由此，不同市场主体在商品交易中的平等议价能力（即对资源配置的平等影响力）是市场机制发挥最大效能的本质诉求。而认为市场经济就是竞争获利与优胜劣汰，通过独占价格影响力来获取利益的办法，形成市场限制或垄断来固化经济利益，则严重扭曲了市场经济竞争机制的本质要求。

2.市场经济制度安排作为交易效率保障的结论

市场经济运转的原理是市场机制，即通过市场机制的运作来配置经济资源的归属。产业结构调整的实质是各类资源与利益在不同区域间的配置。主要包括：资源流动的动力来源（流动的量）、流动的方向、流动的归属。在商品经济环境中，市场主体之间的竞争与供求关系决定着资源流动的动力与方向。但经济产品（商品）的实际流动方向与数量（归属）和竞争与供求的力量的中介即为价格。因此，在资源配置中，从运行过程来看，市场机制的发挥核心是价格。竞争与供求只有通过价格环节才能实现资源在不同市场主体间的流动，并通过确定性的价格表明双方稳定的竞争与供求关系来确定资源的归属。微观经济学理论论证了市场经济制度下实现资源配置高效率的"条件"。其理论从供求得到商品均衡价格即价值的总观点出发，分析了均衡价格的来源。即在经济人追求既定约束下最优利益的总规则下，消费者通过优化自己的收入使消费品组合的效用总和最大化、供给者通过优化自己的生产要素组合以最小的成本得到最大的产出。供求双方相互作用产生了均衡价格，但还受到市场结构的影响。西方经济学（微观部分）认为，完全竞争市场代表着市场经济可以发挥最充分作用的市场结构。理论规定该结构下具有：供求双方都具有完全的经济信息、产品同质且经济资源可以自由流动，买卖人数众多均是价格的接受者等条件。因此在长期竞争条件下，厂商的利润（生产均衡）降低到与其长期平均成本的最低值一致，也必然是短期平均成本的最低值,即资源的消耗量最低、生产效率最高以及销售价格最低——资源运行效率最高,从而证明市场经济充分运行下可以起到最优配置资源的作用。诚如结构名称中的"完全竞争"所示,市场经济完全充分、有效运行的实现条件是:市场中的供给方内部,需求方内部以及供求双方之间具有完全对等的议价力量,从而谁也不能从交易对方获得任何超过边际成本的利益(即完全竞争市场的均衡条件为每种产品的$P=MC$)。当市场的交易价格以此方式形成,体现的是产业内不同经济主体和产业间不同生产部门在交换经济运行关系中的彼此协调,交换过程和利益配置结果的公平。从具体政策上来看,必须要在不断完善市场经济的政策中,坚持并贯彻市场经济现实配置作用的实现条件,避免或减少以直接操纵、扭曲市场机制的方式进行产业结构调整。

第十章 提高区域交易效率实现均衡协调发展的基本思路

交易效率低是我国落后地区经济发展水平低、与发达地区拉开差距造成区域非均衡发展的核心原因,因此,缩小区域差距,实现区域均衡协调发展的关键在于落后地区的交易效率水平能否得到快速的提高。而做到这一点就需要努力改善那些影响交易效率的制约因素,也就是说要为落后地区营造出一个有利于提高交易效率的经济环境。作为地区经济发展背后最重要驱动力的交易效率的改进,直接受到是否拥有一个健全的能够自由决策的市场制度的影响,所以,缩小我国地区间经济水平与收入差距,促进区域交易效率均衡协调发展的关键环节就是要真正落实和深化市场体制改革。

第一节 市场化对交易效率提升的作用机制

从前文对交易效率的组成框架分析可以看到,影响交易效率的因素主要有:自然条件、交通运输条件、基础设施与公共服务条件、经济体制与政策条件、法律保障情况以及社会传统、思维方式等社会资本条件。把这些因素做个归类,可以发现:自然条件、交通条件、基础设施是我们平时所称的发展的硬件,而经济体制、法律、社会资本则属于发展的软件。所以硬件方面是交易技术条件,软件方面则是交易制度条件。于是,交易效率的提高就是交易技术条件的改善和交易制度条件的改善。

对于交易效率的改进,可以认为,市场化程度与其正相关。市场化程度的提高,表现为交易量、交易规模、交易范围的提高,这即是前文分析的交易效率的提高。市场化程度的提高对交易技术和交易制度条件都有深刻的影响。

1.市场化对交易技术的影响机制

首先,市场化程度提高有利于自然条件的改进。自然条件好的地区,交易成本低,便于交易活动的发生,所以交易效率较高,反之亦反。但自然因素通常被认为是外生变量,默认不变。事实上,经济水平的提高,即生产力水平的提高意味着人们在一定程度上可以改变或改进自然环境的一些既有状况，因为生产力的定义就是人类改造自然的能力。这样的改造活动，受利益的推动，市场化程度不断加深就会提供这样的利益。一方面，市场化程度加深可以增加需求。假设某地区受自然条件的限制，需求较少，则交易量少甚至没有，也就是交易效率低。市场作为交易关系的总和，其程度的加深，会使该地区的人们在获知更多交易信息后，产生对未有商品的需求，人们为了满足自身的需求，会努力实现交易，即促使人们改变这种自然条件完成交易活动。而另一方面从创造供给来说，在初始状况下，为了减少成本，厂商更愿意在自然环境好的地区开展生产与交易活动。随着生产规模的扩大和本地需求的有限限制，为了扩大更多的需求，满足大规模的生产供给，厂商也会有动力扩展更多的交易活动，这也有助于人们主动改进自然条件。由此可见，市场化程度的提高，交易的扩展会让供求双方都有动力去改善自然条件、自然环境，从而使得一种外生变量本身也会发生变化，有动力向好的方向发展，并反过来提高交易效率，扩大分工水平，促进经济增长。人类历史发展的实践也反复证明了这一点。我们所处的自然环境，受经济活动利益的刺激，已有了很大改变，人类也在不断开发突破这种环境限制与障碍的工具，使得人们的交往交换活动越来越不受这种自然地域环境的限制。

历史条件也是如此。历史上已经形成的差距在市场化程度提高以后，有以下表现：①原先落后地区也渴望通过交易获得更多产品，受此影响，该地区会更深入地挖掘自身的潜能，树立优势，增加交易品种，提高交易量和交易效率；②发达地区与落后地区间的市场化程度提高，也就是两地区间的交易水平的提升，有助于两地区间得到更广泛的要素流动、货品流动，这种流动性提高，就是交易效率的提高；③市场化程度的提高，在促进交易活动的同时，也促进了思想文化的流动，这有助于落后地区较快地接受到先进的经济文化，并不断提高交易效率。

其次，有助于改进交通运输和基础设施状况。运输等基础设施条件会直接影响到交易活动的数量与质量。市场化程度的加深，使人们更乐意参与到交易活动中。为了完成交易，人们会主动改造阻碍交易发生发展的交通等基础设施条件，从而促进交易效率的进步。见表10.1，我们可以看到1978年改革开放以后到21世纪第一个经济增长期，随着市场经济体制改革的深入，我国交通水平的变化状况，总体而言各项数值都在提高，特别是公路里程数提高最快。高帆计算了交通的交易效率，表中我们也可看到其数值的提高。因此可知，伴随着市场化程度提高，我国交通条件水平得到了空前的提高，促进了交易效率的提升。

表10.1 交通发展

年份	铁路（公里/万人）	公路（公里/万人）	航运（公里/万人）	交通交易效率
1978	0.5371	9.2480	1.4129	0.9893
1979	0.5434	8.9789	1.1052	0.9400
1980	0.5400	8.9489	1.0992	0.9362
1981	0.5386	8.9685	1.0862	0.9359
1982	0.5210	8.9324	1.0695	0.9265
1983	0.5278	8.9282	1.0625	0.9274
1984	0.5222	8.8801	1.0474	0.9207
1985	0.5196	8.9031	1.0307	0.9200
1986	0.5181	8.9557	1.0176	0.9222
1987	0.5105	8.9863	1.0046	0.9210
1988	0.5053	9.0033	0.9854	0.9189
1989	0.5049	8.9997	0.9671	0.9167
1990	0.5055	8.9939	0.9551	0.9152
1991	0.4990	8.9887	0.9471	0.9122
1992	0.4959	9.0184	0.9362	0.9124
1993	0.4944	9.1421	0.9298	0.9206
1994	0.4923	9.3267	0.9262	0.9335
1995	0.4929	9.5524	0.9164	0.9496
1996	0.5303	9.6888	0.9053	0.9694
1997	0.5339	9.9202	0.8882	0.9861
1998	0.5322	10.2476	0.8841	1.0098
1999	0.5358	10.7460	0.9262	1.0524
2000	0.5420	11.0673	0.9413	1.0798
2001	0.5493	13.3044	0.9520	1.2508
2002	0.5597	13.7420	0.9467	1.2861
2003	0.5649	14.0048	0.9596	1.3086
2004	0.5724	14.3913	0.9485	1.3386

资料来源：《中国交通年鉴2005》，高帆：《交易效率、分工演进与二元经济结构转化》，上海三联书店，2007年03月

2.市场化对交易经济制度的影响机制

市场化程度的提升有利于符合市场交易的体制改善、政策出台，直接促进各种商品的交易水平提升。根据《中国统计年鉴》的数据，我们可以看到伴随着我国市场经济体制建设的深入，商品交易水平在不断提升。1978年，我国消费品市场数为33302个，消费品成交额125.2亿元；1980年该数值为38993个，183亿元；1985年数值为61337个，632.3亿元；1990年数值为72579个，2168.2亿元；1995年数值为82892个，11590.1亿元；2000年数值为88811个，24279.6亿元；2004年数

值为81067个，27688.9亿元。由数据可知，交易水平的提升是巨大的。同时，政策的完善还会促进要素市场交易的活跃，提升各种生产要素的质量与流动效率。

人力资本要素。人力资本的分布不均，通过影响交易水平影响了交易效率，使得不同水平分布的地区间的经济水平出现差距。市场化程度加深，一方面，促进了交易活动数量、质量上的提高，这在供给上要求更高水平的人力资源。比如，较高质量或较高科技含量的产品的制造，就需要有较高技术水平的生产人员。这样的刺激会带来以下影响：①人力资源本身预见到对高水平劳动力的需求，因而认为对人力资本的个体培训投入是有利可图的，因此增加培训投资。例如，人们预见到大学生的需求量比较大，因此，人们很乐意为自己的高等教育投资。②企业因为需要高水平的人力，会增加对员工的在岗培训，这也会提高人力资源的水平。同时，从需求角度看，交易的种类与数量上升，不但会给人们带来更多种类的产品，提高人们的物质条件，这本身就是在提高人力资源的实际水平；而且需求的增加，要求人们付出更多以换回更多收入，这就必须要提高自己的水平，满足高工资所要求的人力资源水平。可见，无论从供给还是需求角度来看，市场化程度的加深，都会通过市场化加深所带来的交易水平上升和利益增加来刺激人们自觉或被动地提高自身人力资本的价值。那么落后地区的人力资源，就会因这样的刺激而得到提升。

资本要素。国内投资和FDI，都是逐利行为。投资看的是风险，看的是回报。市场化程度低的地区，不但投资风险相对大，而且交易水平相对低，投资回报小。因此，提高市场化水平，可以在提高交易水平的同时，自发刺激对交易体制、机制的改善，提高投资者的信心。而交易规模的提高，也有助于提高投资的收益。由此可知，市场化程度的提升，会极大地提高投资的规模和水平。因此落后地区通过提高市场化程度来吸引投资、提高经济实力是可行之举。

同时市场化程度的加深、政策的完善，可以提高发达地区与欠发达地区间的交易水平，这也包括各种要素的交易。要素的流动性增强，也会使高质量的各种资本流入到相对落后的地区，提高该地区的交易水平，提速经济。

3.市场化对交易环境制度的影响机制

市场化程度的提升有利于社会交易环境的改善。市场化程度的加深，会使参与市场活动的人感受到市场交易的氛围。人们在交易中获得好处，就会对这种交易持支持态度，并逐步建立起符合市场交易要求的思想文化观念。这就是社会存在决定社会意识的表现。符合市场交易的思想文化水平越高，则越能促进交易，提高交易效率，从而提升经济水平。

第二节 我国区域间市场化程度差异

通过数据，我们可以观察到，我国地区间的市场化程度差距较大。如顾海兵认为，我国东部地区市场化程度大致为60%、西部地区则只有40%。西部地区与东部地区相比有较大差距。李国平等根据陈宗胜提出的"社会总产值流量构成加权发"测算了我国东中西部地区市场化的程度，见表10.2，可以看到，我国东部地区的市场化程度远远大于中部与西部地区，在很多项目上，甚至是较为落后地区的两倍。这让我们直接感受到地区间市场化程度的差距状况。

表10.2 市场化程度（%）

地区	商品	劳动力	金融	房地产	技术	农业	工业	外贸
全国	85	65	10	47	79	71	69	67
东部	96	82	25	78	89	88	83	92
中部	62	41	7	21	62	55	55	41
西部	66	39	4	21	51	59	59	38

资料来源：魏敏、李国平：《基于区域经济差距的梯度推移黏性研究》，《经济地理》，2005.01

樊纲、王小鲁测度的市场化指数也很好地说明了我国地区间此数值上的差异，各地区的交易效率必然也受其影响。表10.3中我们可以看到各个省的市场化指数情况，东部地区较西部地区有很大优势。伴随着这样的优势，各地区的分工水平与收入水平也有基本相同的表现。

表10.3 分省收入、市场化、分工情况

地区	人均真实收入	市场化指数	分工程度（%）
北京	4874.39	5.74	98
天津	3900.91	6.89	90
河北	2588.07	6.39	85
山西	1948.26	4.53	80
内蒙古	1963.55	4.76	76
辽宁	2552.82	6.4	81
吉林	2171.36	5.51	79
黑龙江	2271.20	5.16	81
上海	5870.87	7.04	92
江苏	3728.78	7.9	83
浙江	4582.34	8.32	91

(续表)

安徽	1994.12	6.4	74
福建	3404.55	8.1	87
江西	2249.60	5.46	75
山东	2738.78	7.15	86
河南	2083.28	5.64	69
湖北	2356.87	5.61	69
湖南	2315.67	5.48	77
广东	3784.93	8.41	83
广西	1952.14	5.95	73
海南	2264.97	6.41	72
重庆	1938.23	6.33	68
四川	1934.75	5.7	69
贵州	1396.37	4.62	60
云南	1524.59	4.89	64
西藏	1391.49		53
陕西	1448.79	4.15	81
甘肃	1429.96	4.86	74
青海	1538.85	3.4	68
宁夏	1783.81	4.02	75
新疆	1647.82	3.15	70

从总测度中的各组成项目，也可看到地区间的差异，见表10.4。东部市场化总指数超过了全国平均水平及中西部和东北地区。在市场化各分项的数值方面，东部地区、中部地区、西部地区也呈阶梯状分布。市场化水平自东向西的递减反映了自东向西交易效率水平的递减状况，则经济发展水平也就出现了地区间的差距。

表10.4　市场化的整体与分项情况

项目	全国	东部	中部	西部	东北
总指数	5.98	7.72	5.38	4.68	5.57
政府-市场关系	6.29	7.66	5.68	5.36	5.18
非国有经济发展	6.64	9.15	5.73	4.79	6.17
产品市场发育程度	7.99	8.66	8.10	7.23	8.85
要素市场发育程度	3.76	5.87	2.54	2.53	2.46
市场中介和法制环境	5.22	7.24	4.84	3.49	5.22

第三节　深化市场化改革的思路要点

分析市场主体对资源配置的平等影响力是市场机制正常发挥的核心条件；是市场经济体制建立所需要遵循的建设规则核心；是不偏离方向地制定对市场活动各种具体规范的基础保证；是维护市场经济体制、发挥对经济活动与经济资源配置的正确作用的保证；是不断完善市场化改革的核心发力点。

反思我国市场化改革的进程，虽然速度与规模明显，进步很大，但尚有亟需建立完善之处，主要体现在以下三个特点：

其一，人们对"市场主体要对资源配置有平等影响力"的认识有待提高。或认为市场经济就是开放交易；或认为市场经济就是竞争赚钱与优胜劣汰，因此不断产生"既当运动员，又当裁判员"，致使规则意识缺失，影响市场经济体制资源配置作用的发挥，导致产生很多扭曲结果，阻碍了经济活动的健康发展。

其二，人们对"市场主体要对资源配置有平等影响力"的建立与贯彻不到位。或制定维护价格信号正常产生机制的市场活动各项规则有缺失；或对市场活动的管理中对规则的执行有缺失，因此不能保证市场竞争的完全合理性，伤害了部分市场主体的利益，造成低效率的优胜劣汰与资源配置。

其三，人们对"市场主体要对资源配置有平等影响力"的缺失后扭曲影响估计不足。或从交易获利的概念中衍生出通过独占价格影响力来获取利益的办法，形成市场限制或垄断；或通过劳动生产率不高的低成本方式来固化经济利益，因此扭曲了市场经济竞争机制的本质要求，影响创新动力的发挥。

不断完善的我国社会主义市场经济是一个系统工程，包括完善市场活动的方方面面。这些方面不是彼此独立，只有抓住核心，才能通过彼此的有机联系实现市场经济作用的真正发挥，达到高效配置资源，促进创新，实现经济社会建设目标的改革目的。

综上可知，交易效率的提高依靠市场化程度的加深。因此我国欠发达地区的经济发展，需要依靠市场化改革来不断提高地区内的交易效率，从而推动分工发展，经济增长。改革的目标即是提升交易技术水平与交易制度环境。

从提高交易技术角度来说，国家应继续加大对中西部地区的投入。投入的内容是：①保护中西部地区自然环境的支出，以保护这些地区脆弱的生态环境，也就是保护好自然条件；并在尊重自然规律的前提下，改造自然条件，提高这些地区的交易技术条件。②加大对中西部地区的交通条件和基础设施条件的投入建设。这些改造与建设的目标是使贫困地区尽快完成市场化所需的交易技术条件，发挥出市场配置资源的作用，提高交易效率，力求相对落后地区尽快获得自我调节、自我"造血"的能力。③国家应增加对中西部地区的投入，在建设初期为贫困地区筹集到足够的生产要素，包括高素质人才、必要的资本、技术与管理等。这些都是贫困地区初期难以靠自身的能力筹集来的。

从提升交易制度环境角度来说，应做到以下三点：①国家要出台更多深化市场改革的政策，让市场发挥更多自发的资源配置作用，促进交易活动的发生、发展。②建设社会主义法制社会，完善市场交易规则。③进一步促进各种文化交流，破除落后地区不符合现代生产的旧思维、旧观念，以提高交易效率。

总之，对我国地区间经济发展与收入差距的研究一直是学者关注的重要问题之一，无论是理论研究还是经验探索都为缩小我国区域差距格局、实现区域均衡协调发展提供了极富价值的学术见解。为深入探寻造成地区之间差距的深刻原因，本书引入了交易效率的概念，利用经典的分工原理将两者紧密联系在一起。分析其联系机制，并在新兴古典经济学的框架下构建区域经济发展的模型，证明了交易效率、分工演进和地区人均收入水平间的逻辑关系。本书的研究结论为：交易效率通过影响分工水平，成为地区经济发展、人均收入提高背后最重要的驱动力之一。交易效率水平的改进，促进区内分工结构从自给自足逐步演进到完全分工。这一过程就是人均收入水平提高的过程。经济系统的发展是一个不断地从低水平向更高水平均衡演进的过程。本书认为，在演进过程中，不同地区之间由于在交易技术条件上，即自然条件、交通及基础设施条件和交易制度环境条件（经济政策、法制环境以及思想文化与习俗），存在着较大的差异，因而形成不同水平的交易效率。交易效率的差别是我国地区间人均真实收入差距和变化的根源。由此，本书进一步指出要想缩小我国地区之间的差距，必须继续深化中西部地区的市场经济体制改革，创造一个有利于改善交易效率的制度环境，这将有助于中西部地区交易效率的快速推进，从而缩小与东部地区的发展差距。

本书对区域差距问题的研究，突破了传统新古典分析框架，并将当前学者们普遍认同的制度因素对于经济增长具有关键作用的重要思想通过模型形式化。因此，本书的理论分析，进一步丰富了我国地区间经济发展与人均收入差距问题的研究思路，从一个全新的视角，揭示了地区间发展差距和变化的过程中存在的一般规律，提出了一些具有启发性的见解。同时，本书的研究结论也为欠发达地区通过加快市场化进程、提高专业化分工水平，促进区域内与地区间交易水平的改进，从而尽快缩小与发达地区的经济发展差距、实现区域经济的均衡协调发展提供了有力的理论支持。